中国茶艺学 300 问

林治 ●著

中国出版集团

世界图书出版公司

西安 北京 广州 上海

图书在版编目（CIP）数据

中国茶艺学 300 问/林治著. —西安：世界图书出版西安有限公司，2015.7（2021.10 重印）

ISBN 978-7-5100-8672-4

Ⅰ.①中… Ⅱ.①林… Ⅲ.①茶叶—文化—中国—问题解答 Ⅳ.①TS971-44

中国版本图书馆 CIP 数据核字（2015）第 172309 号

中国茶艺学 300 问

著　　者：林　治
责任编辑：李江彬
出版发行：世界图书出版西安有限公司
地　　址：西安市锦业路都市之门C座
邮　　编：710003
电　　话：029-87233647（市场营销部）
　　　　　029-87235105（总编室）
传　　真：029-87279675
经　　销：全国各地新华书店
印　　刷：西安市建明工贸有限责任公司
成品尺寸：170mm×230mm　1/16
印　　张：13.5
字　　数：200 千
版　　次：2015 年 7 月第 1 版
印　　次：2021 年 10 月第 2 次印刷
书　　号：ISBN 978-7-5100-8672-4
定　　价：40.00 元

☆如有印装错误，请寄回本公司更换☆

序

《中国茶艺学300问》终于要付梓了,我如释重负,因为这三百个问题压在我的心头已将近20年。自我1996年在武夷山习茶并创办了六如茶文化研究所以来,每年几乎都抽出大半年的时间去攀灵山涉秀水,四处访泉、问茶、寻师、访友,但二十年过去了,"究竟什么是茶艺"这个问题在我国茶界仍然见仁见智,众说纷纭,始终没有达成"求大同,存小异"的共识。

茶艺理论上的莫衷一是,导致茶艺实践中乱象丛生。一方面,热衷于茶艺的小众对茶艺乐此不疲,甚至为她"衣带渐宽终不悔";另一方面,社会大众对茶艺的评价并不高,认为多数茶艺浅薄、夸张、繁琐、造作，甚至讥讽为"自愚自乐"。

通过长期的调研、思索和实践，我先后编著出版了《中国茶艺》《中国茶艺集锦》并主编了高等院校茶文化教材《中国茶艺学》，但是仍然感到言犹未尽，这次决定编著《中国茶艺学300问》既是为了方便初学者把握茶艺的要点，用问答的形式简要地阐述我对茶艺中主要问题的看法，同时也是为了和同仁们深入探讨这些关系到茶艺健康发展的重要问题。当您打开这本书并用心阅读时，我们便成为了心心相印的茶友，当然也可能是成为观点不同却能坦诚论道，相互理解，相互尊重的诤友。

对于当前我国茶艺学理论中存在的问题，尽管我梳理了又梳理，压缩了再压缩，最终还是洋洋洒洒写出了300问。孔子在评价《诗经》时说："诗三百篇，一言蔽之曰'思无邪'。"艺术是相通的，我认为《中国茶艺学300问》亦可一言蔽曰："思无邪。"

首先，我们对茶艺学的学科特点定性

应当"思无邪"。茶艺学应当是一门以茶道精神和美学理论为指导的生活艺术,而不是表演艺术。这一点非常重要,它决定了茶艺是否会误入歧途。因为你如果把茶艺视为表演艺术,那么你必然只注意它的视听效果,而生活艺术则重在实用,你必须做到过程美与结果美相统一。强调茶艺是生活艺术,即引导修习者从入门开始就把用心泡好一壶茶,符合礼仪地敬奉一杯茶,五官并用,六根共识,艺术地品饮一杯茶做为教学重点,其目的是指导修习茶艺者学会构建以茶为媒介的,健康、诗意、时尚的生活新方式。

其次,在茶艺的作用方面"思无邪"。茶艺承担着为满足大众的物质生活和精神生活服务;为引导茶叶消费,拓展茶叶消费,促进茶产业发展服务;为传承和弘扬中国传统文化服务。根据茶艺的功能我们应当把茶艺分类深入研究,即将其分为舞台表演型茶艺、生活待客型茶艺、企业营销型茶艺和修身养性型茶艺,只有这样,不同类型的茶艺才能根据各自不同的特点健康发展。

其三，在茶艺的表现形式上"思无邪"。当前茶界一些朋友在喝茶的方法上争论不休，这是因为他们把简与繁、雅与俗、冷饮与热饮、清饮与调饮、茶艺与茶道等对立了起来。其实这些内容非但不是对立的，相反是相得益彰，相互补充的。健康的茶艺应当是心术并重、道艺双修、体用结合、百花齐放的艺术生活方式，最终能引导茶人去享受多姿多彩的幸福人生。

最后是在传承与创新上"思无邪"。修习茶艺不仅仅要扎扎实实地研究"茶应当怎么喝"，更要开拓思路，融汇东西方文化，吸纳各种相关艺术，引进时尚元素，研究"茶还能怎么喝"。茶艺要坚持走"古法创新，新法承古"之路，面向青少年，面问大众，面向世界，面向未来。只有这样我们最终才能做到让自己和中外友人，从一杯茶水中品味出中华民族传统文化的厚重积淀；品味出我国多民族的民族风情；

品味出当代中国人对美好诗意生活的追求，以及海纳百川的包容之心和与时俱进的创新精神！

谢谢大家关注了本书。最后，送给广大读者一首由我作词，"鬼才"田七谱曲的茶歌！

《茶，你是任由我想象的一杯水》

作词：林治　作曲：田七　编曲：知了

$1=B\ \frac{4}{4}$

```
‖: 3 5 5·3 2·5 5 | 1· 1· 2 3 - | 6 1 1·6 5 6 5 6 | 6 2 3 - - |
   不记得 曾把你    捧 起 几 回    不记得 曾把你放下   几 回
   不记得 曾把你    亲 吻 几 回    不记得 曾把你回味   几 回

  3 5 5·3 2 5 | 2 1 1 6 5 | 6 1 1·6 3 | 2 2 3 2 1 - - 0 3 |
   陆羽为你写经 东 坡 为你陶 醉  才子佳人为你 夜 不能寐         茶
   陆羽为你写经 东 坡 为你陶 醉  乾隆皇帝为你 放 弃帝位         茶

  5· 3 6 6 6 5 | 3 3 2 3 1 | 6 5 1 2 3 5 | 6 1 1 5 6 - 3 5 3 6 6 6 5 |
   啊 在众人眼里 你总是最美 你是 禅 你是 海里的浪花 茶啊 在我的心中
   啊 在众人眼里 你总是最美 你是 禅 你是 海里的浪花 茶啊 在我的心中

  3 3 2 3 1· 6 5 6 1 6 1 2· | 2 2 2 3 5 - - 0 6 5 | 6 6 6 1 2· 7 |
   你永远最美 你是梦  你是   天边的流霞       你是 能喝的唐诗 和
   你永远最美 你是梦  你是   天边的流霞       你是 飘香的琴棋

  5· 3 6· 6 5 6 6 6 1 6· | 6 5 2 3 - 0 6 5 | 6 6 6 1 2 2 2 5 | 3· 2 1· 6 5 |
   宋 词 你是聊斋里的小   翠      你是 观音菩萨净瓶中的甘  露 你是
   书 画 你是三国里的小   乔      你是 海神妈祖如意上的琼  浆 你是

  6 6 6 1 2 2 2 3 | 2 1 - - :‖
   任由我想象的一杯 水
   任由我想象的一杯 水
```

目录

茶之艺

1 什么是茶艺？/ 001
2 茶艺有广义和狭义之分，对吗？/ 001
3 简简单单喝茶不好吗，为什么搞得这么复杂？/ 002
4 为什么把茶艺定性为生活艺术而非表演艺术？/ 003
5 为什么要强调茶艺是在茶道精神指导下的茶事实践？/ 004
6 为什么要强调茶艺是在美学理论指导下的生活艺术？/ 004
7 为什么在茶艺的概念中用艺茶的技能而不讲泡茶的技能？/ 005
8 品茶也能称为艺术吗？/ 006
9 为什么完整的茶艺应当包括"完善自我的心理体验"？/ 006
10 什么是学习茶文化的三境界？/ 007

11 什么是茶道？/ 008

12 按照《中国茶艺学》的观点而言，什么是茶道？/ 009

13 茶道与茶艺的关系如何？/ 009

14 中国茶道与日本茶道有何不同？/ 011

15 中国茶道和韩国茶礼有何不同？/ 012

16 中国茶艺学的学科特点是什么？/ 012

17 为什么说中国茶艺从内涵上看文质并重，尤重意境？/ 013

18 为什么中国茶艺要百花齐放、不拘一格？/ 014

19 中国茶艺与日本茶道在表现形式上有什么不同？/ 016

20 为什么茶艺美学的最高原则是"道法自然"？/ 017

21 "道法自然"的美学法则在茶事实践中如何体现？/ 017

22 为什么中国茶艺审美强调"崇静尚俭"？/ 018

23 中国茶艺追求怡、真，"怡"作何解？/ 019

24 中国茶艺追求怡、真，"真"作何解？/ 020

茶之 古今

25 中国饮茶源于何时？/ 021

26 我国的饮茶史大体可分为哪几个阶段？/ 022

27 唐代人是如何饮茶的？/ 022

28 何为生煮羹饮？/ 022

29 宋代人是如何喝茶的？/ 023

30 明代人如何喝茶？/ 023

31 明代人对于品茶有何要求？/ 024

32 清代人如何喝茶？/ 025

33 当代人的喝茶方式有什么特点？/ 026

34 中国茶艺主要有哪些功能？/ 026

35 为什么茶艺能传承民族传统文化和艺术？/ 027

36 什么是茶叶商品的保障因素和魅力因素？/ 028

37 茶艺为何能促进茶叶销售？/ 028

38 茶艺如何引导茶叶消费，培育茶叶市场？/ 029

39 以茶艺引领茶叶消费应当从何做起？/ 030

40 为什么说茶艺是友谊的纽带，社交的桥梁？/ 031

41 茶艺为什么能修身养性？/ 031

42 习茶艺为何能延年益寿？/ 032

43 中国茶艺是如何分类的？/ 032

44 何为表演型茶艺？/ 033

45 何为生活型茶艺？/ 033

46 何为营销型茶艺？/ 034

47 何为修身养性型茶艺？/ 034

48 什么是乌龙茶？/ 035

49 乌龙茶如何分类？/ 035

50 为什么说目前我国乌龙茶的分类存在不妥？/ 035

51 大学教材《中国茶道》等教科书目中都把普洱茶归为黑

茶类，为什么本书上未归入？/ 036
52　普洱茶与黑茶有哪些本质的不同？/ 037
53　什么是代茶类？/ 038
54　什么是再加工茶类？/ 038

茶之美

55　什么是美学？/ 039
56　中国茶艺美学的基本特点是什么？/ 040
57　中国茶艺美学的四大基本理念是什么？/ 040
58　茶艺美学中"天人合一，物我玄会"作何解？/ 041
59　"知者乐水，仁者乐山"的美学有何意义？/ 041
60　茶艺美学中的"涤除玄鉴，澄怀味象"作何解？/ 042
61　茶艺美学中如何理解"道法自然"？/ 043
62　"保合太和"在茶艺中如何理解？/ 043
63　中国茶艺美学的三重境界是什么？/ 044
64　怎样理解"寄情于山水，忘情于山水，心融于山水"？/ 044
65　日本茶道美学在意境追求方面有哪些值得我们借鉴？/ 045
66　中国茶艺美学表现有哪些基本法则？/ 046
67　何为神定气朗？/ 046
68　何为对称与不均齐相结合？/ 047
69　茶艺中何为简素美？/ 047

70 茶艺中如何贯彻"自然美"的原则？/ 048

71 茶艺中何为"枯高美"？/ 049

72 茶艺中何为"脱俗美"？/ 049

73 茶艺美学中何为"照应"？/ 050

74 茶艺美学中何为"节奏"？/ 051

75 茶艺美学中何为"调和对比"？/ 052

76 美学中何为"多样统一"？/ 052

77 在茶艺中如何才能做到"多样统一"？/ 053

78 如何对待中国茶艺美学的表现法则？/ 054

79 如何借助佛教修行的"五调法"达到神定气朗之美？/ 054

80 中国茶艺的审美要领是什么？/ 055

81 何为"美由心生"？/ 056

82 何为"应目会心"？/ 056

83 茶艺中如何做到"应目会心"？/ 057

84 何为"迁想妙得"？/ 057

85 欣赏茶艺为什么要"六根共识"？/ 058

86 学习茶艺审美要领有何意义？/ 058

87 茶艺的六要素是什么？/ 059

88 茶艺中强调的人之美包括哪些主要内容？/ 059

89 何为仪态美？/ 060

90 何为神韵美？/ 060

91 何为语言规范？/ 061

92　语言艺术有何要求？/ 061

93　何为心灵美？/ 062

94　什么是"仁者自爱"？/ 062

95　为什么有的茶人常说："十八岁以前的美是父母给的，十八岁以后的美是茶给的"？/ 063

96　茶艺师应当如何看待茶？/ 063

97　如何欣赏茶名之美？/ 064

98　如何鉴赏茶形之美？/ 064

99　如何欣赏茶色之美？/ 065

100　在茶艺中欣赏茶色之美应注意什么？/ 065

101　从审评学的角度如何看茶香？/ 066

102　在茶艺中如何欣赏茶香？/ 066

103　茶艺中如何形容茶香？/ 067

104　何为茶味之美？/ 067

105　茶艺中如何鉴赏茶味之美？/ 068

106　何为"茶味人生"？/ 069

茶之水

107　古人对宜茶用水有哪些著名的论述？/ 070

108　我国最早由谁提出水之美的客观标准？/ 071

109　为什么水质要清？/ 071

110 为什么水体要轻？/ 071

111 为什么水要甘、冽？/ 072

112 为什么宜茶用水要活？/ 072

113 在茶艺学中水如何分类？/ 073

114 中国有几个"天下第一泉"？/ 074

115 何为硬水，何为软水？/ 074

116 硬水如何软化？/ 075

117 有人说用老铁壶煮水能提高沸水的温度，软化水质，能增加铁离子的含量并对身体有好处，对吗？/ 075

118 什么是酸性水？什么是碱性水？/ 076

119 陆羽把水沸的过程分为几个阶段？/ 076

120 日常生活中如何改善水质？/ 077

茶之器

121 为何把"器之美"列入茶艺六大要素？/ 078

122 茶具按功能如何分类？/ 079

123 紫砂壶如何分类？/ 079

124 何为紫砂壶的光货？/ 080

125 何为紫砂壶花货？/ 080

126 何为紫砂筋囊器？/ 081

127 紫砂壶有何优点？/ 081

128　如何挑选紫砂壶？/ 082

129　有人说紫砂壶是泡茶的最佳选择，对吗？/ 083

130　有人说盖碗是泡茶的"神器"，适合泡各种茶，对吗？/ 083

131　应如何选择茶具？/ 084

茶之境

132　茶艺中何为境之美？/ 085

133　环境美包含哪些内容？/ 086

134　境之美对内部环境有何要求？/ 086

135　茶艺中何为艺境美？/ 087

136　为什么营造品茗艺境时要特别注重音乐？/ 087

137　哪些音乐最宜茶？/ 088

138　在营造艺境美时还常借助哪些手段？/ 089

139　当前茶艺馆在利用音乐方面有何不足？/ 089

140　何为人境美？/ 090

141　何为"独啜得神"？/ 090

142　何为"对品得趣"？/ 091

143　何为"众饮得慧"？/ 091

144　何为"心境美"？/ 092

145　如何才能做到"心境美"？/ 092

茶之韵

146　什么是茶艺的艺之美？/ *094*

147　什么是茶艺程序编排的内涵美？/ *095*

148　茶艺的内涵美为何首先要强调"示茶道"？/ *096*

149　在茶艺演示中如何才能做到动作美和神韵美？/ *096*

150　茶艺美的培训要经过几个阶段？/ *097*

151　什么是韵？/ *098*

152　实践中要表现"传神达韵"，其基本技巧应当注意些什么？/ *098*

茶之礼

153　什么是茶艺礼仪？/ *099*

154　茶艺礼仪有什么特征？/ *099*

155　茶艺礼仪有什么功能？/ *100*

156　常用的茶艺礼仪有哪些？/ *101*

157　握手礼应注意什么？/ *101*

158　站姿鞠躬礼应注意什么？/ *101*

159　如何行坐姿鞠躬礼？/ *102*

160　何为正式坐姿？/ *102*

161　何为伸掌礼？／ *103*

162　何为叩手礼？／ *103*

163　如何行端坐礼？／ *104*

164　何为注目礼和点头礼？／ *104*

165　何为置茶礼？／ *104*

166　何为奉茶礼？／ *105*

167　何为寓意礼？／ *105*

问绿玉

168　什么是茶树？原产于何地？／ *106*

169　茶树如何分类？／ *106*

170　茶树按发芽迟早如何分类？／ *107*

171　我国的商品茶是如何分类的？／ *108*

172　什么是绿茶？绿茶分为几类？／ *108*

173　有的茶书把绿茶分为蒸青绿茶、炒青绿茶、烘青绿茶、晒青绿茶，对吗？／ *109*

174　绿茶的茶性有哪些特点？／ *109*

175　绿茶按外形如何分类？／ *110*

176　冲泡绿茶应掌握哪些技巧？／ *110*

177　为何要精茶杯泡，粗茶壶饮？／ *111*

178　冲泡绿茶时何为上投法？／ *111*

179 何为中投法？/ 112

180 何为下投法？/ 112

181 冲泡绿茶时续水有什么技巧？/ 113

182 绿茶的工夫泡法有哪些要领？/ 113

183 有人说高档绿茶应当用80℃~85℃的水冲泡对吗？/ 114

184 春饮花茶、夏饮绿茶、秋饮乌龙、冬饮红茶对吗？/ 114

185 龙井茶有什么特点？/ 115

186 龙井茶如何分类？/ 116

187 洞庭碧螺春有何特点？/ 116

188 黄山毛峰有何特点？/ 117

189 都匀毛尖有何特点？/ 117

190 信阳毛尖有何特点？/ 118

191 六安瓜片有何特点？/ 118

192 贵州凤冈锌硒有机茶有何特点？/ 119

辨红香

193 什么是红茶？如何分类？/ 121

194 红茶的茶性有何特点？/ 122

195 什么是小种红茶？/ 122

196 何为金骏眉？/ 123

197 世界四大高香红茶是指哪几种？/ 123

198 冲泡品饮红茶应注意哪些？/ 124

199 冲泡红茶应如何选配茶具？/ 124

200 红茶主要有哪些泡法？/ 126

201 清饮红茶有何冲泡技巧？/ 126

202 细节决定成败，冲泡红茶应注意哪些细节？/ 127

203 冲泡红茶如何择水？/ 127

204 什么是风味红茶？/ 128

205 伯爵红茶如何调制？/ 128

206 如何冲泡冰红茶？/ 129

点花草

207 花草茶如何冲泡？/ 130

208 哪些花草最宜与红茶配伍？/ 131

209 能否举一冲泡花草茶的实例？/ 131

210 如何调制香料茶？/ 132

访乌龙

211 什么是乌龙茶？/ 133

212 乌龙茶如何分类？/ 134

213 什么是闽北乌龙茶？/ 134

214　什么是闽南乌龙茶？/ 135

215　什么是广东乌龙？/ 135

216　什么是台湾乌龙？/ 135

217　什么是武夷岩茶？/ 136

218　武夷岩茶有哪些代表性品种？/ 136

219　何为凤凰单枞？/ 137

220　凤凰单枞有什么特点？/ 137

221　什么是文山包种茶？/ 138

222　冻顶乌龙有什么特点？/ 138

223　冲泡乌龙茶应注意哪些细节？/ 138

224　品啜乌龙茶有何要领？/ 139

225　乌龙茶可用白酒泡吗？/ 140

解红袍

226　什么是母树大红袍？/ 141

227　母树大红袍到底有几株？/ 141

228　何为正本大红袍？/ 142

229　大红袍有收藏价值吗？/ 142

问观音

230 商品铁观音如何分类？ / *143*

231 何为铁观音？ / *143*

232 铁观音是谁创制的？ / *144*

233 什么是"正炒铁观音"？ / *144*

234 什么是拖补铁观音？ / *145*

235 什么是清香型铁观音？ / *145*

236 什么是浓香型铁观音？ / *146*

黄茗泽

237 什么是黄茶？ / *147*

238 黄茶如何分类？ / *147*

239 黄茶有什么特点？ / *148*

240 黄茶主要有哪些品种？ / *148*

241 君山银针应如何冲泡？ / *149*

白玉清

242 什么是白茶？ / *150*

243　白茶如何分类？／ *150*

244　白茶有何特性？／ *151*

245　白茶主要有哪些品种？／ *151*

246　冲泡白毫银针应注意什么？／ *152*

247　冲泡白牡丹应注意什么？／ *152*

248　安吉白茶属于白茶类吗？／ *153*

249　安吉白茶有何特点？／ *153*

品乌茗

250　什么是黑茶？／ *154*

251　黑茶如何分类？／ *155*

252　广西六堡茶有何特点？／ *155*

253　湖南黑茶有什么特点？／ *156*

254　近来茯砖茶为什么受热捧？／ *156*

255　何谓千两茶？／ *156*

256　湖南黑茶三尖有何区别？／ *157*

257　安化黑茶中何为"高马二溪茶""六洞茶"？／ *157*

258　决定黑茶品质的主要因素有哪些？／ *158*

259　四川边茶分哪几类？／ *158*

260　冲泡黑茶应注意什么？／ *159*

261　品饮黑茶有何讲究？／ *159*

262 品黑茶如何鉴赏汤色？/ 160

263 如何鉴赏黑茶之香？/ 160

雅事谈

264 何为茶韵？/ 161

265 如何鉴赏茶味？/ 162

266 如何理解茶气？/ 162

267 待客型茶艺有何特点？/ 163

268 能否举一例待客型绿茶茶艺 / 163

269 举一例待客型红茶茶艺 / 164

270 举一例待客型白茶茶艺 / 165

271 佛家养生茶艺基本程序举例 / 166

272 佛家养生茶艺解说词 / 166

273 道家养生茶艺基本程序举例 / 171

274 道家养生茶艺解说词举例 / 172

275 茶艺应当如何创新？/ 176

276 什么是观念创新？/ 177

277 什么是茶艺功能创新？/ 178

278 何为茶具创新？/ 178

279 品饮方式如何创新？/ 179

280 品饮环境如何创新？/ 179

281　茶道养生方法如何创新？/ 180
282　茶艺演示前应做哪些准备？/ 180
283　茶席应如何布置？/ 181
284　茶席照明有何讲究？/ 181
285　茶席灯光配置要注意哪些细节？/ 182
286　在茶席布置时音乐起什么作用？/ 182
287　布置茶席应如何选择音乐？/ 183
288　茶席适宜插花吗？/ 183
289　茶艺插花应注意什么？/ 184
290　茶艺插花立意应注意哪些原则？/ 184
291　茶艺插花应注意哪些细节？/ 185
292　焚香有哪些好处？/ 185
293　香有哪十德？/ 186
294　焚香为何有益于健康？/ 186
295　天然香料有哪些？/ 186
296　什么是沉香？/ 187
297　什么是檀香？/ 187
298　中国茶艺学应如何发展？/ 188
299　发展茶艺学何为"四轮驱动"？/ 188
300　《中国茶艺学》一书的基本框架结构有何特点？/ 189

茶之艺
CHA ZHI YI

1 | 什么是茶艺？

茶艺是在茶道精神和美学理论指导下的茶事实践活动，是一门以茶为媒介的生活艺术。它包括茶艺的技能、奉茶的礼仪、品茶的艺术，以及茶人在茶事过程中的沟通自然，内省自性，愉悦心灵，完善自我的身心体验。

2 | 茶艺有广义和狭义之分，对吗？

不对。每一门学科都应当符合它的学科定性。种茶是茶树栽培学，制茶是茶叶加工学，都属于自然科学，其岗位技术分别属于农艺师系列和工程师系列；卖茶是茶叶营销学，属于社会科学，其岗位技术属于经济师系列；而茶艺属于人文科学，其岗位技术属于茶艺师系列。所谓的广义茶艺，即将种茶、采茶制茶、卖茶、泡茶直到品茶的技能和规律等包含在内，其实是把自然科学、社会科学、人文科学混在一起谈，混淆了茶艺的学科属性，这样既不利于深入研究和健康发展茶艺学的学科建设，又搅乱了岗位技术职称的评定，因此是错误的。

3 | 简简单单喝茶不好吗，为什么搞得这么复杂？

生活是多姿多彩的，可繁可简，因人因时因地而异。做菜、吃饭、穿衣、喝茶无一例外。茶自古以来就是雅俗共赏的，既可以是"柴米油盐酱醋茶"，又可以是"琴棋书画诗酒茶"。喝茶，是一件很自我的事，你可以为了解渴而海饮，可以因嗜茶而细品，也可以以茶沟通自然、内省自性、愉悦心灵、体道悟道。如果仅仅为了解渴，那么饮茶当然是简简单单的生活小事，但是茶艺是源于生活而高于生活的一门生活艺术，甚至可以说是一门人生艺术，这样它就必须有系统的理论指导，并且要有与时俱进的表现形式和赏心悦目的艺术规范，在人、茶、水、器、境、艺等六大要素方面都唯美是求。

4 | 为什么把茶艺定性为生活艺术而非表演艺术？

因为表演艺术往往只注重视听效果，能抓住眼球、征服耳朵即为成功，但是生活艺术重在实用。把茶艺定性为生活艺术是强调茶艺必须重视实用性，必须做到"过程美"和"结果美"相统一。这样定性能使修习茶艺者从入门开始就把用心泡好一杯茶，循礼敬奉一杯茶，艺术品饮一杯茶作为重点。在此前提下，才能让泡茶的过程给予人们美感的体验，让茶汤的质量给人美味的享受。另外，当前我国茶艺界存在的主要问题是重表演轻实用，重过程轻结果，甚至走上了花哨、肤浅、造作的歧途，为此，我们应当紧紧抓住茶艺的本质，强调茶艺是生活艺术，有利于克服时弊，引导茶艺健康发展。

5 | 为什么要强调茶艺是在茶道精神指导下的茶事实践？

因为中国茶道精神融汇了我国优秀的传统文化，集中体现了儒、释、道三教主流文化的精华。例如，儒家的积极入世的精神，中庸之道的思想，啜苦可励志、咽甘思报国的品德，以及格物致知、修身、养性、齐家、治国、平天下的人文追求；道家天人合一，道法自然，达生、贵生、遵生、养生的理念；佛家茶禅一味，无住生心，活在当下，一期一会的佛法真如等等。所以，只有以茶道精神为指导，茶艺才有灵魂，才不会失于肤浅，才能成为"道心文趣兼备"的生活艺术，甚至成为以茶为媒介修身养性、超越自我、彻悟大道的人生艺术。

6 | 为什么要强调茶艺是在美学理论指导下的生活艺术？

因为自从人猿相揖别后，人类就执着追求美丽的人生。茶艺是唯美是求的生活艺术，它要求茶人不仅要善于发现美、欣赏美，还要善于用美陶醉自己，以美感染他人。中

茶之艺

国茶道美学吸纳了佛教圆通空灵之美,道家幽清玄妙之美,儒家中和含蓄之美。以美学理论为指导,茶艺才能使人充分享受生命的美丽和诗意,否则只是经历了生命的过程。同时,以美学理论为指导,不仅有利于加深我们对博大精深的茶文化的理解,有利于茶艺的发展和创新,而且有利于推动茶艺走进千家万户,成为当代人健康、诗意、时尚的生活方式,让人们在美的陶醉中陶冶性情、愉悦身心、感悟人生、体道悟道。

7 | 为什么在茶艺的概念中用艺茶的技能而不讲泡茶的技能?

艺茶包括识茶、鉴水、用火、择器、布席、造境、泡茶、斟茶、奉茶、品茶等环节,它是茶人性情、修养、茶学知识及审美情趣的综合反映。泡茶只是其中的一个环节,主要是灵活掌握投茶量、水温、出汤时间三个变数的协调,并根据不同的茶性和泡茶的不同目的选配茶具,以及使用不同的注水手法。例如,冲泡同一种茶,待客、营销、自斟自饮所选配的茶具是不同的。

8 | 品茶也能称为艺术吗？

能。品茶要求"五官并用，六根共识"。"六根"是佛教用语，指的是人的眼、耳、鼻、舌、身、意六种感觉器官。品茶要通过"三看、三闻、三品、三回味"来审美。用眼睛看茶相、看汤色、看叶底；用鼻子闻茶香的纯度、闻茶的本香、闻香气的变化和持久性；用口舌品火功、品滋味、品韵味；用耳朵听音乐、听解说、听水声；用手触摸把玩茶具；用心去感悟"舌本回味甘甜，满口生津；齿颊回味甘醇，留香尽日；喉底回味甘爽，心旷神怡"那妙不可言的品茶体验。因此我们认为品茶是值得推广的健康、诗意、时尚的生活艺术。

9 | 为什么完整的茶艺应当包括"完善自我的心理体验"？

一般人品茶能识茶、养生、愉悦身心即可。但是品茗的最高目标是通过"得味""得韵"，进而达到"得道"。如唐代颜真卿所言"流华净肌骨，疏瀹涤心源"；明代著名茶人朱权所追求的"探玄虚参造化，清心神出尘表"。他们

茶之艺

最终追求的都是以茶修道,即通过茶事活动沟通自然、内省自性、净化心灵、完善自我,最终原天地之美,而达万物之理,达到与道会真。因此完整的茶艺应当包括"完善自我的心理体验"。

10 | 什么是学习茶文化的三境界?

修习茶文化的三层境界是"得味、得韵、得道"。"得味"是指通过感官感知茶的色、香、味、形等自然属性而识茶,能辨别茶的品种和优劣,并且掌握不同茶类的茶性,这是修习茶艺的基础。

"得韵"是指在茶事活动中通过对茶艺的六要素——人之美、茶之美、水之美、器之美、境之美、艺之美进行美的整合,做到众美荟萃,用美陶醉自己,进而以美感染他人。将品茶从生活琐事升华为生活艺术,使人在茶事活动的"过程美"和"结果美"中受到艺术熏陶,体验身心愉悦。

"得道"是指在得韵的基础上百尺竿头更进一步,实现质的飞跃。即习茶时忘掉茶,也忘掉"我",用虚静空灵之心去体物性、尚自然、崇幽趣、养天年,达到明心见性、彻悟大道、率性任真、本色做人。这是习茶的最高境界。

11 | 什么是茶道？

茶道是东方文化的精华，从唐代出现茶道一词直到民国时期，我国的茶人一直没有给茶道下过定义。《辞海》《辞源》等工具书也没有茶道的词条。因东西方文化不同，它往往没有一个严格的定义，而要靠各人凭借自己的悟性用心去贴近它，理解它。我个人认为对茶道的理解好比"月映千江水，千江月不同"。有的"浮光跃金"；有的"静影沉璧"；有的"江清月照人"；有的"水浅鱼读月"；有的"月穿江底水无痕"；有的"江云有影月含羞"；有的"冷月无声蛙自语"；有的"清江明月露禅心"；有的"疏枝横斜水清浅，暗香浮动月黄昏"；有的"雨暗苍江晚来晴，白云明月露全真"。茶道如月，人心如江，月只一轮，映象各异，不同茶人对什么是"茶道"见仁见智，各有不同的美妙感受，若是硬给茶道下一个统一的定义，反而会使茶道成为僵死的概念，丧失了东方文化隽永含蓄的情趣。

茶之艺

12 | 按照《中国茶艺学》的观点而言,什么是茶道?

如今,茶道既是历史悠久的东方传统文化,又是一门新兴的学科。作为东方传统文化,可以强调"道由心悟"。但是作为一门现代学科,则必须给茶道下一个求大同、存小异的定义。《中国茶艺学》中茶道的定义是:茶道是中国优秀传统文化的重要组成部分,是茶文化的核心和灵魂。从理论层面讲,茶道是研究茶与传统文化的关系,以及以茶修身养性,愉悦心灵,感悟人生,明心见性的一门人文科学。从实践方面讲,茶道是以茶修道的人生体验。茶道即人道。

13 | 茶道与茶艺的关系如何?

茶道与茶艺的关系从本质上讲是"形而上"与"形而下"的对立统一;是看不见、摸不着的茶道精神与多姿多彩的茶艺表现形式的对立统一。

在茶事实践中,茶道与茶艺是"心"与"术"的关系。茶道是"心",心主理,它是茶艺的灵魂。中国茶道博大精深，内涵厚重，既包含了克明峻德、格物致知、以身许国、穷通兼达的儒家思想，也包含了天人合一、道法自然、遵生达生、守真养生的道家理念，还包括了茶禅一味、无住生心、活在当下、一期一会的佛法真如，所以我们修习茶艺时必须"以道驭艺"，使茶艺有灵魂、有内涵、有深度，成为生活的艺术乃至人生的艺术。

茶艺是"术"，术主技，它是茶道的表现形式。中国茶艺源于生活，高于生活，它升华了各地区、各民族、各阶层的饮茶习俗，既能够表现儒家高雅中和之美，又能够表现道家自然幽玄之美，还能够表现佛家空灵清寂之美；既能够表现古典质朴之美，又能够表现现代时尚之美，还能够表现少数民族粗犷豪迈、热情奔放之美。所以我们在茶事实践中必须"以艺示道"，通过茶艺，鲜活地展示出茶道的精神，使无形的茶道能够被大众感知。

简而言之，茶道无影无形，无法言说，必须通过茶艺赋予形象和生命，使其能被人感悟。茶艺赏心悦目，但若无茶道为灵魂则必然失于肤浅。因此学习茶文化必须心术并重，道艺双修，体用结合，做到"道心文趣兼备"。

茶之艺

14 | 中国茶道与日本茶道有何不同？

首先必须明确，中国茶道是根，日本茶道是从这棵根上长出的一枝枝叶；中国茶道是源，日本茶道是流。日本茶道萌芽于公元 805 年左右，是日本最澄、空海、永忠等高僧到唐朝学习取经后从我国传去的。

其次，从理论体系上看，日本茶道主要受佛教影响，以和、敬、清、寂为四谛。而中国茶道融汇了儒、释、道三教文化的精华，以和、静、怡、真为四谛，远比日本茶道博大精深。

其三，从表现形式上看，日本茶道以抹茶道为代表，虽然有不同的流派，但是各个流派之间只有一些细节上的差别，所使用的茶都是蒸青抹茶，所采用的手法都是源于我国宋代的点茶法，表现形式大同小异。而我国的茶道可以用六大茶类的数千种名茶结合 56 个民族的茶风茶俗升华后来表现，表现形式有雅有俗、异彩纷呈、美不胜收、启人心智。

不过，日本茶道比中国茶道更加注重细节，这一点非常值得我们学习。

15 | 中国茶道和韩国茶礼有何不同？

韩国茶礼也源于中国。我国茶文化于公元828年传到朝鲜半岛，经历了高丽时代（936—992年）的全盛时期后逐渐衰微。在日本统治时期（1910—1945年）效仿日本茶道，直到近四十年才形成自己的茶礼，主要有居家茶礼（偏随意）、生活茶礼（偏正式）、以及用传统礼法敬奉神佛祖先的献茶礼等。

朝国茶礼又称和茶礼，是民众共同遵守的传统风俗。"茶礼"是指阴历的每月初一、十五、节日和祖先祭日在白天举行的简单祭礼，也指像昼茶小盘果、夜茶小盘果一样来摆茶的活动。更有专家将茶礼解释为"贡人、贡神、贡佛的礼仪"。韩国茶礼源于中国古代的饮茶习俗，但并不是简单的照搬、移植，而是把禅宗文化、儒家与道教的伦理道德以及韩国传统节日融会于一体所形成的。

16 | 中国茶艺学的学科特点是什么？

茶艺是我国历史悠久的传统艺术，而茶艺学却是一门新创的学科，它"道心文趣兼备"，兼具科学性、艺术性、

茶之艺

文学性和实用性，有四大特点：从内涵看，文质并重，尤重意境；从形式看，百花齐放、不拘一格；从审美看，道法自然、崇静尚俭；从目的看，追求怡真、注重实用。

17 | 为什么说中国茶艺从内涵上看文质并重，尤重意境？

这是由中国传统文化的性质决定的。孔子首先提出"文"与"质"相统一的美学理论。他说："质胜文则野，文胜质则史，文质彬彬，然后君子。"这里所说的"质"是指人的内在道德品质，"文"是指人的文饰和外在表现。孔子认为，一个人如果"质胜文"则会显得粗野。相反，一个人如果"文胜质"，单单注重文饰而缺乏内在的才华和道德品质，则这个人必然显得虚浮。孔子所说的"文"与"质"的统一，不仅是内涵美与外表美的统一，而且是"美"与"善"的统一。这一理论对中国古典美学的影响极其深远，对茶艺的影响也极为深刻。

茶艺中所说的"质"是指思想内涵，所说的"文"是指服装、化妆、环境营造、茶席布置、程序编排、解说水平、冲泡技巧等。在茶事活动中，只重视外观美而忽视思想内涵美即"文胜质"，相反称"质胜文"，只有做到文质并重，才能意境高远。

意境是我国文学、艺术、美学中的一个非常重要的概念，它是由表现出来的形象与所要表达的思想情感融合一致而形成的一种境界。达到这种境界就能使观众通过体验和联想，体会到难以言传的美感，产生情感上的共鸣。中国茶艺文质并重，尤重意境，所以有摄魂夺魄的艺术感染力。

18 │ 为什么中国茶艺要百花齐放、不拘一格？

因为我国有六大茶类数千种名茶，其茶性不同，饮法各异。我国56个民族都爱茶，数千年的饮茶史使得各个民族都积淀了异彩纷呈的茶风茶俗。我国人民在喝茶方式上素有"古法创新，新法承古"的传统和海纳百川的胸怀。喝茶是极自我的事，理当尊重各人的不同选择。基于上述原因，倡导茶艺百花齐放、不拘一格，不仅能满足不同人多层次、多样化的需求，而且有利于茶艺的多元化发展。

笔者赋诗一首《茶，你是任凭我想象的一杯水》。

茶之艺

《茶,你是任由我想象的一杯水》

林 治

不记得曾把你捧起几回,
亲吻几回?
不记得曾把你放下几回,
回味几回?
茶啊!
在世人眼里,
你总是最美,最美!
陆羽为你写经,
东坡为你心醉,
才子佳人因你夜不能寐,
乾隆皇帝为你辞去帝位……
茶啊!
在我的心中,
你永远最美,最美!
你是能喝的唐诗宋词,
你是《聊斋》里的小翠,
你是禅,你是梦,
你是海中的浪花,
你是天边的流霞,
你是观音菩萨净瓶中的甘露,
你是任凭我想象的一杯水!

19 | 中国茶艺与日本茶道在表现形式上有什么不同？

日本茶道虽有众多流派，但都是在千利休开创的草庵茶的基础上对细节稍加改进，总体上大同小异，所用的都是蒸青抹茶。其事茶的技法源于我国宋代的点茶法，可以视为我国宋代点茶法的活化石。中国现代茶艺包括舞台表演型茶艺、生活待客型茶艺、企业营销型茶艺和修身养性型茶艺四大类型，有的儒雅古典，有的鲜活时尚，有的空灵玄妙，有的禅机逼人，有的清丽脱俗，有的热情奔放……实乃异彩纷呈，美不胜收。在我国，通过优秀茶艺的演绎和诠释，从一杯茶中可以品出厚重的历史文化积淀，品出中华各民族多姿多彩的茶风茶俗，还可以品出当代中国茶人海纳百川的包容之心和与时俱进的时代精神，这些都是值得我们自豪的高明之处。但是日本茶道比较精细，更加注意程序规范和每一个细节，这是值得我们学习的。

茶之艺

20 | 为什么茶艺美学的最高原则是"道法自然"?

审美是对人格的哺育。中国茶艺审美强调道法自然,不仅是倡导"美到极致是自然"的艺术表现法则,更是要求修习茶艺者的人性应当得到彻底解放,做到心不为物所役,造就茶人自由旷达、超然洒脱、率性认真、本色做人、自尊自爱、不卑不亢的人格。另外,"自然"即"真","至真至诚,才能动人。"只有做到"道法自然",茶艺才有摄魂夺魄的艺术感染力。

21 | "道法自然"的美学法则在茶事实践中如何体现?

在修习茶艺时要求动如行云流水,静如苍松屹立,笑如春花烂漫,言如山泉絮语,一举手一投足都纯真自然,发自心性,毫不造作,毫不媚俗。其神韵当"俯仰自得,游心太玄"。即心不为物所役,放飞自己的心灵,潇洒形骸,得大自在。另外,中国茶艺可细分为舞台表演型茶艺、生活待客型茶艺、企业营销型茶艺和修身养性型茶艺四种类型。舞台表演型茶艺"道法自然"的最高境界应当是从"我演谁,我像谁"升华到"我演谁,我就是谁",即与所扮演的角色完全融为一体。

22 | 为什么中国茶艺审美强调"崇静尚俭"?

庄子曰"静乎,天地之鉴也,万物之镜也"。这里的"静"不是不动,亦非无声,而是虚静。"虚"者,心不被自己的妄想和奢望所充斥;"静"者,心不因外界干扰和诱惑而躁动。历代儒家都把"静"视为"越名教,任自然"的思想基础。陶渊明追求"闲静少言,不慕荣利。"王维宣称"吾生好清静,蔬食去情尘。"苏东坡认为"神以静舍,心以静充,志以静宁,虑以静明。"由此可见,中国士大夫们都是在静中证道悟道,同时也是在静中寻求自己独立的人格和自尊。道家尚静,儒家尚静,佛家亦尚静。佛教把"戒、定、慧"三学作为修持的基础,戒是止恶修善,依戒资静,依静得慧。尚俭是陆羽"精行俭德"思想的浓缩,即崇尚行为专诚,善于约束自己的高尚品德。故在茶艺审美中强调"崇静尚俭"能助人修身养性,明心悟道。

茶之艺

23 | 中国茶艺追求怡、真,"怡"作何解?

"怡"者,和悦愉快之意。茶艺是雅俗共赏的生活艺术,它不讲形式,不拘一格,突出体现了中国茶人率性认真的豁达精神。但是,不同地位、不同信仰、不同民族、不同文化层次的人对茶之怡有不同的追求。达官显贵重在"茶之珍",意在炫耀权势、夸示富贵、附庸风雅;才子佳人重在"茶之韵",意在托物寄怀、激扬文思、结交知己;僧人重在"茶之德",意在提神驱困、参禅悟道、明心见性;道士重在"茶之功",意在保生尽年、增长功力、羽化成仙;普通大众则重在"茶之味",意以茶涤烦解渴、招待亲友、享乐人生。

中国茶艺之怡包括怡目悦口的直觉感受,怡心悦意的审美领悟和怡神悦志的精神升华,所以茶人们都可以从中国茶艺中得到生理上的快感,精神上的满足和心灵上的怡悦。这种"自恣以适己"的怡悦性,正是中国茶艺令人乐此不疲、孜孜以求的魅力因素。

24 | 中国茶艺追求怡、真，"真"作何解？

"真"，原本是道家的哲学范畴。庄子认为："真者，精诚之至也。不精不诚，不能动人。"故"真"既是茶道的出发点，又是茶道的终极追求。中国茶艺追求的"真"有四层含义：其一，追求物之真，即在茶事活动中讲究真茶、本香、真味，字画讲究名家真迹，插花讲究用新采的鲜花。其二，从物之真出发追求情之真，即待客要真心实意，并且通过品茗叙怀，使茶人之间的真情得到发展，达到互见真心的境界。其三，追求性之真，即在茶事活动中，真正放松自己的心情，在无我的境界中放飞自己的心灵，释放自己的天性，达到率性认真，本色做人。其四，追求道之真，即在茶事活动中，茶人们以淡泊的情怀，旷达的胸怀，超脱的性情和闲适的心态去品味茶的物外高意，将自己的情感和生命都融入大自然，去追求澄怀味象，体道悟道。

茶之古今

25 | 中国饮茶源于何时？

我国是茶树的发源地，饮茶历史久远，因当时尚无文字，不可能有准确记载。目前学术界普遍推崇《神农本草经》的记载："神农尝百草之味，水泉之甘苦，令民知所避就，日遇72毒，得荼（茶）而解之。"以此为基础推定，人类对茶的利用始于远古帝王炎帝神农氏，迄今至少有五千多年的历史。

26 | 我国的饮茶史大体可分为哪几个阶段？

我国对茶的利用大体上可分为药用、箪食羹饮、从大众饮料到"茶为国饮"，再到深加工综合利用等四个阶段，这四个阶段既相互衔接，其内容又相互渗透，所以不能机械地用具体的年代把它们割断。

27 | 唐代人是如何饮茶的？

陆羽《茶经》载有三法。其一是煮茶法：先将茶饼烤透，然后碾成粉，筛成细末备用。煮水到初沸时加适量盐，二沸时舀出一碗盐开水晾着，这时向锅的中心投入茶粉并缓缓搅拌。稍后三沸时，将晾凉了的盐开水冲入茶汤即可饮用。其二是将茶"贮于瓶缶中，以汤沃焉，谓之淹茶"这是最原始的泡茶法。其三是生煮羹饮。

28 | 何为生煮羹饮？

这是唐代以前民间广泛流行的饮茶法。三国时期的

茶之 古今

《广雅》记载:"欲煮茗饮,先炙令色赤,捣末,置瓷器中,以汤浇覆之,用葱、姜、橘皮芼之(掺和之意)。其饮醒酒,令人不眠。"这段话的大意是:若要喝茶,先把茶烤成赤红色并且捣成粉末,然后放在瓷器里,掺进葱、姜、橘皮等煮成羹,喝了能醒酒驱困。这是对我国先民饮茶法最早的详细记载。

29 | 宋代人是如何喝茶的?

宋代以点茶法为主。据蔡襄《茶录》记载,点茶时先把茶饼烤酥,然后碾筛成细末,接着将一匙茶末置于茶盏,注入少量开水,搅拌均匀,再注入开水并用茶筅反复像打蛋一样击打茶汤,使之产生大量白色泡沫,俗称扬花,泡沫匀细持久为佳。另外,宋代还流行"茶百戏",即通过巧妙的技法在茶汤面上绘出诗词字画。

30 | 明代人如何喝茶?

明代是中国茶文化发展史上继往开来的一个重要时代。明太祖朱元璋1391年下诏令罢贡龙团凤饼改进散茶后,茶的外观形态变了,茶性变了,喝茶的方法亦随着茶性的改变而改变，兴起了用开水直接泡饮法。同时，明代文人雅士喝茶对人的品德和素质特别注重。例如，屠隆强调："尚使佳茗而饮非人，犹汲泉以灌蒿莱，罪莫大焉。有其人而未识其趣，一吸而尽，不暇辨味，俗莫甚焉。"这段话的大意是：将好茶给品德不好的人喝，如用清泉浇野草，那是罪过。好茶若给不懂茶趣的人喝，他们一口便咽下，不懂得要细细品味，那是最俗的事。

31 明代人对于品茶有何要求？

据《茶录》记载，明代品茶对细节特别讲究，已经有了择水、养水、洗茶、候汤、注汤、涤器、烫盏、择果等一系列程序，并且特别注重品茗的环境。明代还是茶文化十分繁荣发展的时代，朱权的《茶谱》、张大复的《梅花草堂笔谈》、许次纾的《茶疏》、张源的《茶录》、田艺蘅的《煮泉水品》等都是我国茶文化的重要文献。学术界普遍认为，明太祖朱元璋的第17子朱权所创的直接冲泡"瀹饮法"，开千古茗饮之新宗。

茶之古今

32 | 清代人如何喝茶？

明末清初是我国茶叶生产技术出现划时代变革的时期，绿茶、红茶、乌龙茶、黄茶、白茶、黑茶等六大基本茶类以及花茶、紧压茶等再加工茶的生产都空前繁荣，各类茶品琳琅满目。56个民族的茶风茶俗异彩纷呈，饮茶方法百花齐放，各类文学作品中对饮茶的记载和描述妙趣横生。例如《红楼梦》中有273处，《儒林外史》中有290处，《聊斋志异》《镜花缘》《老残游记》等名著中对茶也津津乐道，足见茶在清代已成为举国之饮。

在清代多姿多彩的饮茶方法中，笔者最推崇的是乾隆皇帝为倡廉而自创的"三清茶"茶艺，他用梅花干、松子仁、佛手柑切片入茶，烹以雪水冲泡。乾隆认为泡茶的三种辅料均品格芳洁，而茶性能致清导和，故名"三清茶"，其寓意为政治要清明，为官要清廉，做人要清白。乾隆还钦命官窑陶工特制"三清茶"专用杯，杯上刻有乾隆的《三清茶》茶诗，每次茶会后赐给王公大臣们带回家珍藏，提醒他们时时牢记要心清如茶，为政清廉。在乾隆执政的60年里，"三清茶"茶会举办过43次。

33 | 当代人的喝茶方式有什么特点？

当代茶类品种越来越多样化，茶人的嗜好越来越个性化，茶学知识越来越普及，中外茶文化交流越来越广泛等，使得饮茶方式不断推陈出新，从品饮方式上看，其主要特点是：清饮调饮并存，热饮冷饮兼备，速饮与慢品互补，传统喝法与时尚创新各得其乐。从茶艺的表现形式上看：舞台表演型茶艺、生活待客型茶艺、企业营销型茶艺、修身养性型茶艺各具风采。具体情况将在后边的问答中详细阐述。

34 | 中国茶艺主要有哪些功能？

中国茶艺主要有五大功能：

1. 以茶为媒介传承中华民族的传统文化和艺术。

2. 普及茶学知识，引导茶叶消费，培育茶叶市场，满足人们不同层次的物质和精神需求。

3. 通过艺术地泡茶彰显茶叶商品的保障因素，在茶事活动过程中通过讲解宣传茶叶商品的魅力因素，促进茶叶销售。

茶之 古今

4. 以茶作为友谊的纽带，社交的桥梁，是中国递给世界的芬芳名片。

5. 促进社会和谐，增进家庭幸福，推广健康、诗意、时尚的生活新方式。

35 | 为什么茶艺能传承民族传统文化和艺术？

茶艺是深受我国各民族人民喜爱的生活艺术，它已融入了大众生活的方方面面，百姓日常起居、待客会友、拜神祭祖、婚丧嫁娶、逢年过节都离不开茶。佛门参禅礼佛、文士联谊、羽士修道，甚至帝王治国也都离不开茶。另外，茶性最包容。茶与儒通，通在中庸之道，通在修身养性，齐家治国平天下，通在"啜苦可励志，咽甘思报国"的文士情怀；茶与道通，通在道法自然，通在天人合一，通在达生、遵生、贵生、养生；茶与佛通，通在茶禅一味，通在"活在当下"，通在"无住生心"，通在"一期一会"。在一杯茶中融汇了中华民族主流文化的各种精华，所以茶是中国外交的芬芳名片，茶艺是传承中华民族传统文化和艺术的最佳方式之一。

36 | 什么是茶叶商品的保障因素和魅力因素？

茶叶商品的保障因素是指卫生指标必须达到国家标准，色、香、味、韵、形等感官品质必须符合消费者的需要，这是茶叶商品畅销的物质基础，要靠科技来打造。茶叶品牌的知名度、美誉度、忠诚度，茶叶商品的珍稀度、名贵度，独特的养生功能以及文化内涵等都称为魅力因素，这是促进茶叶商品畅销的关键因素，要靠文化来包装。

37 | 茶艺为何能促进茶叶销售？

目前我国茶叶消费基本上还停留在体验式购买阶段，在交易过程中，茶叶商品的保障因素要靠茶艺来彰显，只有高明的茶艺师才能充分展示茶的色、香、味、韵等内在美，并且在营销的过程中，茶艺师把泡茶的过程美和结果美有机结合，让顾客既得到泡茶美感的体验，又得到品茶美味的体验，从而提升对茶叶商品的好感。另一方面，茶的魅力因素要靠生动巧妙的讲解，只有讲解恰当，消费者才会了解茶叶商品内在的附加值，进一步提升即兴购买或惠顾购买的欲望。

另外，从发展的方向看，品牌是商品畅销的根本保障。在茶叶商品品牌的打造过程中，用舞台表演型茶艺拓展品牌的知名度，用生活待客型茶艺提升品牌的钟爱度，用修身养性型茶艺巩固品牌的忠诚度，用企业营销型茶艺充当营销活动中的"临门一脚"，常常能事半功倍，甚至获得意外的惊喜。

38 | 茶艺如何引导茶叶消费，培育茶叶市场？

现代茶艺的主要目标是"四进"，即促进茶叶进机关、进社区、进学校、进家庭。其中最主要的是把茶融入大众家庭，引领一种健康、诗意、时尚的生活方式。因此，在各类茶艺中，应当把生活待客型茶艺作为推广普及的重中之重。为此，要在进一步研究"茶应当怎么喝"的基础上，加强研究"茶还能怎么喝"，根据"古法创新、新法承古"的原则，在茶艺中引进时尚元素和大众喜闻乐见的各种艺术，深入研究当代人的需求，并根据不同人群的不同需要，做到清饮与调饮结合，热饮与冷饮兼备，传统与时尚互补，方便简捷的喝法与细啜慢品的精致生活方式自由选择，在保持传统清饮方式的基础上推广奶茶、花草茶、冰果茶、各式养生茶、美容茶、节庆祝福茶、生日星座茶……使茶不仅真正成为现代人生活的重要组成部分,而且成为大众乐于追捧的时尚生活方式。

39 以茶艺引领茶叶消费应当从何做起?

茶重在体验式消费。茶艺馆是最佳的体验场所,同时也是引领茶叶消费的窗口。要做好这项工作,首先要转变思想观念,把传统的卖茶、卖环境、卖服务、卖品牌,转变为卖健康、诗意、时尚的生活新方式。为此要从环境的营造入手,茶室的装修应当融入时尚元素,注重灯光、音响、家具、器皿、摆件的配置,做到温馨、舒适、简洁、高雅,充满诗情画意,让人"一见钟情",产生一种想把茶室搬回家的冲动。其次,以茶具的创新和茶席的布置为突破口,为不同的茶类选配美观、适用、方便与最能展现茶性美的茶具,在茶席布置时与插花、挂画、焚香、奇石古玩摆设相结合,使之成为时尚家庭建设的重要组成部分。在此基础上大力推广生活型茶艺、茶道养生以及以茶来美容养颜等有效的方法。

茶之古今

40 | 为什么说茶艺是友谊的纽带，社交的桥梁？

我国素有以茶待客，以茶会友的习俗。民间有"茶哥酒弟"之说，即待客时先奉茶后敬酒。先奉茶可营造温馨祥和的情境，后敬酒能把情绪推向高潮。另外，喝酒能把话讲开，品茶能把话讲透，茶和酒都是社交的良友，不同的是以茶会友如沐春风，有益无害，所以我国各民族人民历来都把茶艺作为待客联谊的重要礼仪。

41 | 茶艺为什么能修身养性？

茶艺是唯美是求的生活艺术。黑格尔断言"审美可解放人性"。茶艺以美为荣，通过展示美、享受美、感悟美，使修习者从社会强加的奴性中解放出来，学会以美学的眼光看待生活，欣赏事物，改变其平庸、刻板、枯燥的生活方式，构建精致、诗意、健康的生活方式。审美是心灵的哺育，在修习茶艺的过程中，茶人通过不断地感受人之美、茶之美、水之美、器之美、境之美、艺之美，不断地用美陶醉自己，用美感染别人，久而久之，在"润物细无声"之美的陶冶下自己通常也会趋向真善美，以求得修身养性之效。

42 | 习茶艺为何能延年益寿？

因为修习茶艺的过程是茶人以茶养身，以道养心的过程。前者指茶中含有 600 种以上对人体有益的物质，这些物质能够提神醒脑、利尿通便、排毒养颜、消炎灭菌、保肝明目、降脂降压、抗辐射、抗癌变、延缓衰老，经常喝茶可以强身健体。后者指茶道中融汇了儒、释、道三教思想的精华和美学理念。儒学能培养人积极入世的心态，道学能培养人清静无为、旷达洒脱的情怀，修佛能使人心生慈悲，利乐有情并消除各种烦恼，美学能令人心情愉悦，所以修习茶艺能使人"感恩、包容、分享、结缘"，保持年轻、积极、乐观的心态，达到延年益寿之功效。

43 | 中国茶艺是如何分类的？

分类是在科学研究中根据研究的目的，选择一个标志，把性质相同的事物或现象归纳在一起，与性质不同的相区别。因研究目的不同，茶艺的分类方法很多，根据功能和表现形式，茶艺可分为四类：表演型茶艺、生活型茶艺、营销型茶艺及修身养性型茶艺。

茶之 古今

44 | 何为表演型茶艺？

茶艺师借助舞台美学的各种手段展示泡茶技艺，观众在台下或屏幕前观赏，称为表演型茶艺。因为观众无法体验茶的色、香、味、韵，所以它称不上完整的茶艺。但是，表演型茶艺适合在盛大场合演示或者借助影视、网络等传媒弘扬茶文化。优秀的表演型茶艺声情并茂，能吸引传媒聚焦，抓住大众眼球，引起政府和社会对茶产业的关注，在较大的范围内宣传茶知识，普及茶科学，弘扬茶文化，所以仍然应当发展。其特点是源于生活，高于生活，允许艺术夸张，注重视听效果，适合与影视传媒和网络传媒相结合，也适合为大型活动增光添彩。

45 | 何为生活型茶艺？

生活型茶艺包括茶的日常泡法和待客型茶艺。前者是根据茶性，选配最恰当的茶具组合，用最简捷的手法泡出茶的最佳风味，或推广饮茶新方法。后者是按科学系统的程序和礼仪以茶待客。这类茶艺是茶艺发展的重中之重，研习时贵在专心泡好茶，妆饰不宜浓艳，动作切忌夸张，表情应亲切自然。

46 | 何为营销型茶艺？

营销型茶艺是以促销茶叶为目的的茶艺，最受茶企欢迎。我国茶叶已经供过于求，营销是茶产业发展的瓶颈，故研发营销型茶艺是重中之急。营销型茶艺没有固定程序，一般选用三才杯等能直观向客人展示茶性的器皿，由茶艺师自信而简地泡好茶、讲好茶，通过充分展示茶叶商品的保障因素和魅力因素以及诚恳、热情、周到的服务，激发客人的购买欲，使顾客产生即兴购买的冲动，甚至产生惠顾购买的心理。营销型茶艺要求茶艺师必须具备丰富的茶叶商品学知识、茶叶市场学知识、消费心理学知识以及与人沟通的技巧，并且对自己经销的商品有充分的了解和发自内心的自信。

47 | 何为修身养性型茶艺？

修身养性型茶艺指注重以茶养身，以道养心，使人精神愉悦，身心健康，延年益寿的茶艺。修身养性型茶艺包括传统型和现代型两类。前者通常把饮茶与中医养生、药物养生、佛教养生、道教养生、沐浴养生、起居养生、饮食养生等传统养生术相结合。后者把饮茶与现代医学和外来文化相结合，如与芳香疗法、音乐疗法、茶梦瑜伽、时尚花草茶等相结合。无论哪一种养生型茶艺都必须注重以茶构建诗意的生活，以茶增进天伦之乐，以茶营造良好的人际关系，并且注重以道养心。

48 | 什么是乌龙茶？

乌龙茶是茶芽抽条长到顶部出现驻芽时，采新梢顶部的一芽三四叶，经过萎凋、做青、炒青、揉捻、干燥、精制等工艺程序制成的半发酵茶，一些地方也称为"青茶"。

49 | 乌龙茶如何分类？

目前我国的教科书将乌龙茶按产地分为闽北乌龙、闽南乌龙、广东乌龙和台湾乌龙四类。

50 | 为什么说目前我国乌龙茶的分类存在不妥？

因为判断分类的结果是否正确，最基本的要求是各类的总和必须等于总体，只有这样在统计时才能不重复、不遗漏。而目前教科书把乌龙茶按产区分为闽北、闽南、广东、台湾四类，这四类加在一起显然不等于总体。只要按乌龙茶的生产工艺制茶，各个茶区均能生产乌龙茶，按照目前的分类方法，无法归纳广西、陕西、云南、贵州等地生产的乌龙茶。

乌龙茶属于半发酵茶，但是发酵程度各不相同，从外观形状看可分为包揉与不包揉两类。按外观形状和发酵程度把乌龙茶可分为：包揉轻发酵、包揉中发酵、包揉重发酵；不包揉轻发酵、不包揉中发酵、不包揉重发酵等两大类六小类，这样不仅在统计上可以做到不重复、不遗漏，而且方便消费者选择。

51 | 大学教材《中国茶道》等教科书目中都把普洱茶归为黑茶类，为什么本书上未归入？

教材应根据学术界的主流观点写，不能把个人的观点凌驾于集体之上。笔者从学术研究角度来阐明自己的观点和意见，认为把普洱归入黑茶既不符合历史，也不符合现状，更不利于对普洱茶的深入研究以及普洱茶产业的发展。

茶之古今

为什么把普洱茶归入黑茶既不符合历史,又不符合市场现状呢?普洱茶是否是黑茶应当以黑茶的定义来衡量。黑茶定义的核心是"经过泼水渥堆发酵",但是普洱茶的泼水渥堆发酵工艺是1974年以后才有的,在此之前的普洱茶,包括清代的普洱贡茶都是自然后熟的。难道能把清代的普洱茶也归入黑茶?再看现在的茶叶市场,消费者普遍都认定生普洱、熟普洱都是普洱,不能把生普洱排除在普洱茶外。有人说"生普洱应当归到绿茶",但绿茶的国家标准和普洱茶的国家标准并不相同。

52 | 普洱茶与黑茶有哪些本质的不同?

普洱茶与黑茶有着本质的区别。从原料看,黑茶对原料没有限定,无论是乔木、小乔木、灌木,也无论是大叶种、中叶种、小叶种,只要是茶叶,均可作为黑茶的生产原料。但国家标准明确规定普洱茶只能用云南大叶种晒青毛茶为原料。再从工艺上看,黑茶渥堆用的是杀青揉捻后的湿茶,现代熟普洱是以生普洱的干毛茶为原料泼水渥堆发酵的。

最重要的是普洱生茶和普洱熟茶本身是相互联系的一个独立的茶叶体系,他们之间可以相互转化。从生茶变为熟茶有干仓陈化、湿仓陈化、泼水渥堆、生物工程、化学催化等不同的途径，把普洱茶作为一个整体去研究，有利于全面、深入并系统地认识普洱茶，促进产业的发展。若硬把普洱茶拆开，分别归到黑茶和绿茶，不仅理论上讲不通，而且不利于普洱茶茶科学、茶文化的研究和发展。

53 | 什么是代茶类？

从植物学的角度看，用非山茶科、山茶属、茶种植物加工成的，市场上当作茶类商品出售的统统归入代茶类，也称为"非茶之茶"。如苦丁茶、绞股蓝茶、罗布麻茶、杜仲茶、苦荞茶、龙珠茶、罗汉果茶、胖大海茶、银杏减肥茶、各种花茶等。

54 | 什么是再加工茶类？

以基本茶类为原料，经过窨花、拼配、压制、造型、粉碎、提取等工艺加工出来的商品茶称为再加工茶类。如各种花茶、紧压茶、袋泡茶、工艺造型茶、拼配茶、保健养生茶等。

茶之美
CHA ZHI MEI

55 | 什么是美学？

美学是哲学的一个分支。康德认为哲学包含了逻辑学、伦理学和美学。逻辑学是纯理性的，追求的是"真"；伦理学是对人类道德秩序的论证，追求的是"善"；而美学是人类对"美"的理解和追求，表现于对艺术、文学、环境和人格的鉴赏，它是人类情感的最真实的反映。美学一词来源于希腊语 aesthesis，最初的意义是"对感观的感受"。在茶艺中，美学是研究审美规律和情感升华的人文科学。

56 | 中国茶艺美学的基本特点是什么？

中国茶艺美学从萌芽开始就植根于中华民族传统文化的沃土，受到儒、释、道三教美学理念的影响。儒家尚"和"，道家尚"妙"，佛家尚"无"，这三大美学理念相互融汇，谱写了动人的中国茶艺美学交响曲，造就了中国茶艺异彩纷呈、雅俗兼备、美不胜收的艺术特点和四大美学基本理念。

57 | 中国茶艺美学的四大基本理念是什么？

1. "天人合一，物我玄会"是中国茶艺美学的哲学基础。

2. "知者乐水，仁者乐山"是中国茶艺美学的人文追求。

3. "涤除玄鉴，澄怀味象"是中国茶艺审美观照的方法论基础。

4. "道法自然，保合太和"是茶艺美学表现形式的基本法则。

茶之美

58 | 茶艺美学中"天人合一,物我玄会"作何解?

"天人合一"是源于《周易》的一个哲学命题,庄子最早做了论述,后来发展成为哲学思想体系,并由此构建了中华传统文化的主体。据此,孟子提出"亲亲而仁民,仁民而爱物",树立了"盖天地万物本吾一体"的思想。有了这种思想,茶人心灵的搏动就能与大自然的生命律动浑然一体,茶人和茶就会产生富有人情味的情感交流,体验无比亲切美妙的感受。

"物我玄会"则是强调在品茶时从思想上泯灭物我界限,用全身心去与客体进行情感交流,通过物我融通,达到"思与境偕,情与景冥"的境界。这时我即茶,茶即我,人与自然融合,一滴万川,有限无限,都在顿悟中消融,个体思想可达到绝对自由的"天乐"境界。

59 | "知者乐水,仁者乐山"的美学有何意义?

"知者"即"智者"。"智者乐水,仁者乐山"是孔子创立的"君子比德"审美论。朱熹解释说:"智者达于事理而周流无滞,有似于水,故乐水;仁者安于义理而厚重不迁,有似于山,故乐山。"即儒家认为审美必须符合他们推崇的道德。据此,茶艺美学发展出了茶人爱石、爱玉、爱松、爱竹、爱梅、爱兰,以及追求真善美的艺术风格。

60 | 茶艺美学中的"涤除玄鉴,澄怀味象"作何解?

"涤除玄鉴"出自《道德经》。洗净污垢为涤,扫去尘埃为除,古人把镜子称为鉴。茶艺美学强调涤除玄鉴,要求茶人像大扫除一样把主观成见和一切教条迷信清除干净,让心一尘不染,一妄不存,一相不着,在茶事活动中用虚静空灵之心去观照万物,去感受自然真切之美。

"澄怀味象"是南朝山水画家宗炳提出的审美理论。在茶艺美学中是对"涤除玄鉴"这一哲学命题的补充。澄是指水清澈平静之意,"澄怀",即使自己的心怀像澄清的水一样平静明澈,"味象"是指茶人用澄明如水之心去品味茶,去妙悟审美对象。

茶之美

61 | 茶艺美学中如何理解"道法自然"?

茶艺美学中,"道法自然"表现为追求自然美。自然的本性是朴素,自然美表现在天之自高,地之自厚,日月之自明,花之自落,水之自流,它们都自然无为,淡然无极。

在茶事活动中,"道法自然"具体表现为力求朴素简约,返璞归真,纯任心性,一切都毫不取巧,毫不矫揉造作。因为只有自然的东西才是真物;只有自然地流露才见真情;只有自然无我才见真性;只有自然之美才淡然无极,天下莫能与之争美。因此茶人强调美到极致是自然。在自然表露中见真情,在自然忘我中见真性,在追求道法自然中祛私除妄,摆脱桎梏,返璞归真,得到审美享受,获得心灵自由。

62 | "保合太和"在茶艺中如何理解?

"保合太和"原本是《易经》中的第一卦:"乾道变化,各正性命,保合太和,乃利贞。"其后中国文化讲的各种人生修养皆出于此。在茶道美学中演化为以"中庸"为美,即演示茶艺时要把握好力度、速度、幅度等三个度:

动作力度不可太刚亦不可太柔,要刚柔相济;动作速度不可太快亦不可太慢,要把握韵律;动作幅度不可太大亦不可太小,要舒展自如。一切要和谐适度,恰到好处,圆通融洽,达到中庸太和之美。

63 | 中国茶艺美学的三重境界是什么?

茶字上边是草字头,下边是木字底,当中是人字,意为人在草木中。草木代表着大自然,即茶字本身就告诉我们,中国茶人追求的是"天人合一"的最高境界,一般要经历寄情于山水,忘情于山水,心融于山水三个层次。

64 | 怎样理解"寄情于山水,忘情于山水,心融于山水"?

寄情于山水,即到大自然中去寻求美,去体验茶之美妙。如明代青藤道士徐渭提出的品茶十二宜:宜精舍、宜云林、宜永昼清谈、宜寒宵兀坐、宜松月下、宜花鸟间、宜清流白云、宜绿藓苍苔、宜素手汲泉、宜红妆扫雪、宜船头吹火、宜竹里飘烟。属寄情于山水。

忘情于山水,是指茶人在大自然中品茗乐而忘归。如

茶之美

唐代高僧灵一和尚曰:"野泉烟火白云间、坐饮香茶爱此山。岩下维舟不忍去,青溪流水暮潺潺。"再如元代茶人马臻云:"竹窗西日晚来明,桂子香中鹤梦清。侍立小童闲不动,萧萧石鼎煮茶声。"属茶人忘情于山水的绝妙写照。

心融于山水,指茶人在品茶过程中忘却了红尘,忘却了烦忧,甚至也忘了茶,忘了自己,达到超然无我,天人合一的境界。如唐代钱起:"竹下忘言对紫茶,全胜羽客醉流霞。尘心洗尽兴难尽,一树蝉声片影斜。"再如唐代曹松:"少年云溪里,禅心夜更闲。煎茶留静者,靠月坐苍山。"都属于忘情于山水的典范。

65 | 日本茶道美学在意境追求方面有哪些值得我们借鉴?

日本茶道先驱武野绍鸥和日本现代茶道创始人千利休的意境追求都值得借鉴。武野绍鸥用一首和歌表达了他对美的追求:"望不见春花,望不见红叶,海滨小茅屋,笼罩在秋暮。"他否定了春花、红叶这些世俗公认的美,推崇寂静幽玄、惊心动魄之美。

千利休对武野绍鸥的美学理念加以发展,也用一首和歌表达了他的境界:"莫等春风来,莫等春花开。雪底有春草,携君山里找。"大雪覆盖着大地,白茫茫的一片,看似无一物,但佛家认为"无一物中无尽藏,有花有月有楼台"。千利休明确指出美在于发现,这是他的高明之处。

66 | 中国茶艺美学表现有哪些基本法则?

主要有神定气朗、对称与不均齐结合、简素、自然、枯高、脱俗、照应、节奏与韵律、调和与对比、多样统一等十大基本法则。

67 | 何为神定气朗?

茶道即人道。茶艺以艺示道,一切从人本出发,强调茶艺之美首先是人的形象美和气质美。这种美不是仅指外观容貌,而是通过内修茶道、外习茶艺来提升气质修养,做到举止从容,淡定自信,至真至诚,不卑不亢,乐观开朗。女士以"人淡如菊,气质如兰"为美;男士以"虚心如竹,坚毅如松"为美。

茶人们在长期经常性的茶艺修习中,借助佛教修行的"五调法"来锻炼自己。

(1)调身:要求茶人在茶事过程中坐有坐相、站有站相、走有走相。

（2）调息：呼吸要轻细而匀适，做到不粗、不喘、不急促、不紊乱。

（3）调心：要去除杂念，排除干扰，做到心不散、不浮、不沉，达到虚静、空灵、闲适、安详。

（4）调食：注意饮食适度、适时、吃有吃相、不失饥、也不过饱。

（5）调睡眠：做到不贪睡、不失眠、作息有序。

68 | 何为对称与不均齐相结合？

茶艺美学所讲的"对称"不仅包括几何学的形体对称，而且包括阴阳对称，如昼夜、开合、顺逆、盈虚、进退等。对称具有稳定感并突出中心位置，例如天安门、故宫太和殿、天坛等表现的主要是对称美。"不均齐"在禅语中称"无法"，即没有规律。如大理石的天然纹理，古木树根的花纹，玛瑙茶杯的挂釉等，这种美富有变化，更具情趣，给人无限的想象空间。

69 | 茶艺中何为简素美？

"简素"禅语意为"无杂"，艺术表现为"清水出芙蓉，天然去雕饰"。《周易》云："乾以易知，坤以简能……易简而天下之理得矣。"清代郑板桥画竹独步天下，他的心得是："四十年来画竹枝，日间挥写夜有思。冗繁削尽留清瘦，画到生时是熟时。"茶艺美亦应当"冗繁削尽留清瘦"，在品茗环境营造和茶席布置时舍得忍痛割爱，去掉一切多余之物；在茶艺演示时应当坚决删繁就简，舍弃所有多余的动作。

70 | 茶艺中如何贯彻"自然美"的原则？

"自然"的禅语为"无心"，即不受心中欲望的驱使和束缚，一切顺其自然。在强调自然美方面有个小故事，梅兰芳先生答记者问，在谈到他之所以能成为京剧大师时说："过去我演谁，我像谁，如今我演谁，我是谁"。演谁像谁，再像也是刻意模仿，谈不上"自然"。"我演谁，我是谁"这才是达到了毫不造作，纯任自然的境界。

在"自然美"方面，日本也有一个非常著名的故事。日本茶道开山祖师千利休少年时师从于武野绍鸥修习茶道，有一天，武野绍鸥令千利休清扫茶庭，千利休把茶庭扫干净后对师父说："报告师父，茶庭扫好了。"师父看了一眼就说："不行，再去扫。"于是千利休又更加认真地扫了一遍，这一次连任何一个死角都没放过。但是师父看了之后还是说不行。聪明的千利休呆呆地看着一尘不染的茶庭，百思不得其解。突然他灵机一动，放下扫把，爬上茶庭中的大树，用力地摇动树枝。树上的黄叶纷纷扬扬飘落了下来，东一片，西一片，星星点点飘落在茶庭的小石径上，飘落在碧绿的芳草地上。千利休跳下树来，高兴地跑到师父面前说："报告师父，茶庭真的清扫好了！"望着自然飘落在干干净净的茶庭中的树叶，师父笑了：这才是自然美！

71 | 茶艺中何为"枯高美"？

"枯高"禅语称为"无位"，可以理解为古老、遒劲、苍拙、坚毅。例如一株幼松生机勃勃固然很美，但是一棵千年古松经历了岁月的磨砺，承受了霜雪雷电狂风暴雨的洗礼，舍弃了一切可舍弃的，最后形成傲立苍穹、遒劲顽强、震撼人心的美，这就是"枯高美"，这是小松树所不具备的美。

72 | 茶艺中何为"脱俗美"？

"脱俗"禅语称"无碍"，即彻底破除"我执法执"等思想牢笼，不受任何世俗的约束和压抑，大胆地去发现美、展示美。明月松间照、清泉石上流、池塘生春草、大漠孤烟直……大自然给了人们许多启示，使茶人在环境营造、茶席布置、插花挂画等方面都能创作出脱俗美。日本茶道宗师千利休在剖腹自杀之前留下了辞世遗言："人生七十，力拙稀微。吾之宝剑，祖佛共杀！"这里所说的"祖"，是指禅宗开山祖师达摩，"佛"自然是指佛祖释迦牟尼。"祖佛共杀"是讲要挥起心灵的慧剑，破除达摩和如来对人们的精神束缚，让心灵彻底解放，这样才能创造出脱俗之美。

73 | 茶艺美学中何为"照应"？

《周易》有云："同声相应。""应"原本是指共鸣、呼应之意，后来我国的古典美学把它发展为形式美的一项重要法则，即"照应"。照应反映的是事物之间相互依存的关系，具有协调统一的功能，可把众多分散的个体美整合为总体美。例如茶室中布席、插花、挂画与整体环境的照应；茶艺程序的前后照应等；茶事活动中的音乐、解说和动作的照应等。在茶艺中若将照应这一形式美的法则运用得当，有利于把多姿多彩的个体美整合成整体美，使其显得不凌乱。

茶之美

74 | 茶艺美学中何为"节奏"?

节奏源于宇宙运动的变化和生命成长发育的过程。音乐家用长短音的交替,强弱音的调节来创造节奏;书法家、画家用色彩和形象排列的动势来表现节奏;在茶艺中,茶人常通过刚柔、动静、快慢、往来、开合、顺逆、盈虚、轻重、浓淡等对立面的转化、连续、间断、反复来表现节奏。可以说,在具有美学修养的人眼里,宇宙内的一切东西没有一样是固定不变的,因为有一种生命的律动贯穿其中,这种生命的律动即节奏。

节奏有激昂和沉静两类。先抑后扬是激昂的节奏,如海涛起初从远处席卷而来,越卷越快,到海岸时惊涛拍岸,飞珠溅玉般发出一声巨响,卷起千堆雪,使人心潮澎湃、热血沸腾,这便是激昂的节奏。先扬后抑是沉静的节奏,如闻远处的晨钟,初扣时响声动心,令人警醒,然后余音在晨风中渐渐地微弱下去,给人以沉静悠远,余韵依依的美感,这就是沉静的节奏。

在节奏的基础上赋予一定的情调色彩便形成韵律。我国古典美学推崇"韵者,美之极也!"在茶事活动中,我们要善于把握节奏,形成韵律,通过"气韵生动"展示中国茶艺销魂夺魄之美。

75 | 茶艺美学中何为"调和对比"?

"调和对比"是处理事物矛盾统一的重要方式。"调和"是求同,是把性质接近的事物相联系。例如营造品茗环境时在色彩选择方面的红与橙、橙与黄、黄与绿、绿与蓝、蓝与青、青与紫、紫与红等是调和色;对比是存异,是把性质对立的事物相联系,如红与绿、黄与紫、白与黑等都是对比色。"调和"使人在变化中感到协调,容易心态平和;"对比"使人感到醒目活跃,容易心情激动。在生活中若无"调和",一切显得杂乱,若无"对比",则会显得单调枯燥,故两者应搭配得当。在茶艺中"调和对比"不仅限于色彩,还表现在声音、质地、形象等众多方面,我们要多加注意。

76 | 美学中何为"多样统一"?

老子曰:"道生一,一生二,二生三,三生万物。万物负阴而抱阳,冲气以为和。"这是老子的宇宙生发论,是"多样统一"这一美学法则的理论基础。"道生一、一生二、二生三、三生万物"是多样,"冲气以为和"是统一。该法

茶之美

则既注重美的多样性,又强调"和而不同,违而不犯"。"和而不同"是指多样性应当和谐但是绝不雷同;"违而不犯"是指多样性在变化中应当相互照应,不相互冲突。例如紫砂壶"圆不一相,方不一式"。无论是圆壶还是方壶各有千变万化,但是不相互矛盾,都让人百看不厌。这是"多样统一"和谐之美的典范。"多样统一"是中国茶艺美学的最高法则。

77 | 在茶艺中如何才能做到"多样统一"?

"多样统一"既注重"和而不同",强调美的多样性,又注重"违而不犯",强调不同的个体美应当相互照应,达到和谐统一。为此,必须处理好两个关系:"主从关系"和"生发关系"。"主从关系"即在众多美的因素中必须有一个中心,在处理问题时应当有主有次,做到主次分明。"生发关系"即整个茶事活动就像一棵大树,有根、有茎、有枝、有叶,在处理各种问题时应当理顺"根茎"和"枝叶"的关系。

78 | 如何对待中国茶艺美学的表现法则？

中国茶艺美学的表现法则是我国历代茶人在长期的实践中摸索总结出来的。时代在发展，社会在进步，老子曰："终日乾乾，与时偕行，"一切都要与时俱进，茶艺美学当然也不例外，它不应当成为束缚茶人创新的僵化教条，而应不断发展。早在明末清初，绘画大师石涛就说过："至人无法，非无法也，无法之法，方为至法。"我们学习茶艺美学法则，实践茶艺美学法则，最后是为了融会贯通，充分消化这些茶艺美学法则，达到"无法之法"。

79 | 如何借助佛教修行的"五调法"达到神定气朗之美？

在茶事实践中我们按照佛家的"五调法"去做，不仅能提升自己的气质美，而且有益于身心健康。具体的做法是：

1. "调身"——做到坐有坐相，站有站相，走有走相，腰身自然挺直，心情、筋脉、肌肉都要充分放松，目光祥和淡定，举止从容洒脱。

2. "调息"——做到呼吸轻细匀柔，不粗、不喘、不乱。

3. "调心"——排除一切杂念，忘掉一切烦恼，使自己的心不散、不浮、不沉，变得虚静空明。

4. "调食"——注意饮食适度，不过饥，不过饱，不吃违禁的食品，不喝太多饮料。

5. "调睡眠"——做到作息有序，睡眠充足。

80 | 中国茶艺的审美要领是什么？

优秀的茶人不仅善于发现美、表现美，而且应当善于欣赏美、享受美。如果缺失审美这个环节，那么就无法建立起完整的美学理论体系，茶艺实践自然也就无法完善。因为茶艺过程的核心是通过对茶的审美唤醒灵性、愉悦身心、陶醉自己、感染他人。审美是人类感情最纯粹、最真实的表露，我国著名的美学家李泽厚先生和刘刚纪先生都把审美视为人生的最高境界。在中国茶艺审美过程中应当把握四大要领：①美由心生；②应目会心；③迁想妙得；④六根共识。

81 | 何为"美由心生"?

什么是美?古今中外有不同的理解,我赞同"美在主观"的理解方式。即审美虽然必须以事物的自然属性为基础,但是,孔子的"君子比德"理论认为美的感受是由人的心灵主观决定的。审美实际上是茶人对自我人格的欣赏和哺育,心有多美,意境就会有多美,审美感受就会有多美。笔者把这个过程概括为:

圣心常虚静,玄鉴照本真。
物我相玄会,美自由心生。

这首诗的意思是:我们应当经常保持一颗虚静圣洁的心,像悬挂的明镜一样去观照客观事物,当物我产生共鸣,美的感觉就会由心而生。

82 | 何为"应目会心"?

"应目",指眼睛看到了客观事物;"会心",指对看到的事物心领神会。审美是对人格的哺育,每经历一次应目会心的审美,即会体验一次心灵涤荡,得到一次心灵澡雪。因此在茶艺审美中不仅仅要"应目",即不仅仅要认真地观照审美对象,而重在"会心"上下功夫。只有"会心"了,

茶之美

对审美对象真正心领神会了，才能陶冶情操，提高修养，促进人格的完善。

83 | 茶艺中如何做到"应目会心"？

茶很美，银针、雪芽、碧螺、旗枪、雀舌、仙毫……千姿百态，万种风情，令人赏心悦目；品茗的环境很美，小楼画舫、华庭美屋、清幽禅林、古朴斋馆、窗明几净、异花奇石……令人心闲意适，魂牵梦萦；茶艺也很美，炉里活火，壶内涛声，杯中流霞，舌端甘苦……无不动人心弦，令人回味无穷。纵然如此，可能有些人对这些美会都熟视无睹。所以只有学习美学知识和国学知识，努力提高综合素养，才能对美应目会心，才能像古人那样被"香烟茶晕满裂裟""疏香皓齿有余味""饱听石鼎煮松风"所感动。

84 | 何为"迁想妙得"？

"迁想妙得"原本是东晋画家顾恺之提出的形象构思理论，在茶艺审美中"迁想"有两种含义。一是充分发挥艺术想象力，把不同时空甚至不同类别的东西加以联系，通过联想产生灵感，达到妙得。二是移情，即审美者把自己的情感转移到审美对象中去，从中得到思想启迪。

唐代诗僧皎然和尚写给陆羽的饮茶诗："九日山僧院，东篱菊也黄。俗人多泛酒，谁解助茶香。"便是典范。皎然从庙里菊花开放迁想到东晋诗人陶渊明"采菊东篱下"，紧接着又从陶渊明嗜酒伤身，迁想到"俗人多泛酒"，最后发出"谁解助茶香"的感叹，得出喝茶最有益的结论。

85 | 欣赏茶艺为什么要"六根共识"？

佛教所谓的"六根"是指人的眼、耳、鼻、舌、身、意，分别代表六种感觉功能，是心之所依者。外有"六尘"指色、声、香、味、触、法。"六根"对"六尘"的感知称为"六识"。茶艺是高度综合的艺术，必须调动"六根"去感受。即用眼睛看、耳朵听、鼻子闻、口舌品，用手去抚摸把玩，还要用心去全面感悟茶艺的过程美和结果美，所以称为"六根共识"。

86 | 学习茶艺审美要领有何意义？

审美能力和幸福指数成正比。学习审美，就可以用艺

茶之**美**

术的眼光去看待生存环境，用灵性的眼光审视自己，这样你就会从这个并不完美的世界中发现其实美无所不在，也能改变刻板的、机械的、功利的生活方式，使原本平凡枯燥的生活多了率真童趣，少了功利困扰；多了自我关怀，少了理性压抑，心灵就会得到解放并自然而然和这个美妙的世界相融合。可以说，只有掌握了审美的能力，才能享受人生的美丽，否则只是在完成生命的过程。

87 | 茶艺的六要素是什么？

构成茶艺的六要素是人、茶、水、器、境、艺。茶艺是唯美是求的生活艺术，只有做到人美、茶美、水美、器物美、环境美、茶艺美这六美荟萃、相得益彰，茶艺才有无穷魅力。

88 | 茶艺中强调的人之美包括哪些主要内容？

茶艺中强调的人之美主要包括四个方面。

（1）仪表美：包括形体美、服饰美、发型美。

（2）风度美：风度是个人性格、素养、气质、情趣、精神世界和生活习惯的综合表现，是社交的无声语言，风度美包括仪态美和神韵美。

（3）语言美：包括语言规范和语言艺术。

（4）心灵美：心灵美是人其他美的真正依托，是人的思想、情操、意志、道德和行为美的综合体现，是人的深层次之美。

89 | 何为仪态美？

仪态美主要表现为待人真诚、礼仪周全、举止端庄、潇洒从容。在生活中，人的一举手一投足都在无声地诉说着生命的千言万语，都在做着生动的自我介绍。因此站姿、坐姿、步态、表情等肢体语言的美感和感染力十分重要。修习茶艺首先要外修仪态美。

90 | 何为神韵美？

神韵美是一个人神情和风韵的综合反映，主要表现在眼神和面部表情，古典文学称之为眉目传神，顾盼生辉。对女性而言，神韵美重在与仪态美结合，化美为媚。《诗经·卫风》描写美人的诗用了大量比喻，刻画出美女的外观形象美，突出"巧笑倩兮，美目盼兮"，即突出这位美女眉目含情、嫣然一笑。正是这一笑百媚生的神韵美，才使她顾盼生辉、娇媚动人。我们可以得出这样的结论：女性茶人神韵美的最高境界为"眼含春波，人淡如菊，气质如兰"。男性茶人神韵美的最高境界是"目如秋水，坚毅如松，虚心如竹"。

91 | 何为语言规范？

语言规范是语言美的基本要求，不同社交场所对语言规范有不同的要求，最基本的是待人接物有"五声"：亲切的招呼声、暖心的问候声、感恩的致谢声、真诚的致歉声、礼貌的道别声。在服务业应使用"敬语"，"敬语"是指尊敬语、谦让语、郑重语。在任何情况下都必须杜绝"四语"：即杜绝蔑视语、杜绝烦躁语、杜绝斗气语以及杜绝不文明的口头语。

92 | 语言艺术有何要求？

"话有三说，巧说为妙"。语言艺术一要"达意"，即表达的意思客观准确，发音清晰，用词得当，既不含糊其辞，也不夸大其词。二要让人听着"舒适",即表情真诚自信,声音柔和悦耳,表述亲切自然,词语娓娓动听,节奏抑扬顿挫,并且善于倾听,善于与肢体语言配合。

93 | 何为心灵美?

心灵美是人的思想、情操、意志、道德和行为美的综合体现,是众美的依托,其核心是"善"。孟子认为恻隐之心(同情心)、羞恶之心、辞让之心、是非之心皆是善心的具体表现,我们认为还应当加上爱国之心。心灵美表现在"仁者自爱"和"仁者爱人"两个方面。

94 | 什么是"仁者自爱"?

孔子认为仁有三个层次:"使人爱己、仁者爱人、仁者自爱"。他把"仁者自爱"视为仁的最高境界。"自爱"不是只爱自己,而是像爱自己一样爱别人,爱万物。这是不事外求,不假人为,不立事功,自然坦然地在人格上表现出的自爱、自信、自尊。在行为上表现为以天地胸怀处理人间事物。茶人追求的正是这样的心灵美。

茶之美

95 | 为什么有的茶人常说："十八岁以前的美是父母给的,十八岁以后的美是茶给的"?

因为十八岁以前的美主要是由遗传因素决定的。十八岁以后,茶人们通过内修茶道,外习茶艺,在日常生活中用仪表美、风度美、语言美、心灵美的标准要求自己,使自己外表美与心灵美和谐统一,最终成为感恩、包容、淡定、从容、自信、洒脱、极具魅力的茶人。

96 | 茶艺师应当如何看待茶?

对于茶,不同的人有不同的审美心态。厂商往往用功利的眼光或王婆的眼光看待茶;评茶师用挑剔的眼光看待茶;消费者多凭个人兴趣偏好看待茶;而茶艺师则是用艺术鉴赏的眼光看待茶,他们带着感情色彩和想象力全面欣赏茶的名之美、形之美、色之美、香之美、味之美和内涵美,从众美中去认识茶叶商品的保障因素和魅力因素,认识茶性,然后顺应茶性泡好茶(展示茶叶商品的保障因素之美),讲好茶(介绍茶叶商品的魅力因素之美)。

97 | 如何欣赏茶名之美？

赏析茶名之美，实际上是感受中国传统文化之美，是感受茶人心灵之美。我国茶名主要有五类。一是地名加茶树品种名，如闽北水仙、安溪铁观音、武夷山大红袍、永春佛手、诏安八仙等。二是地名加茶叶形状，如六安瓜片、君山银针、午子仙毫、信阳毛尖、安化松针、黄山毛峰、蒙顶黄芽、永川秀芽等。三是地名加想象，如庐山云雾、日铸雪芽、金坛雀舌、舒城兰花、郴州碧云等。四是有动人故事，如铁罗汉、白鸡冠、水金龟、碧螺春、麻姑茶等。五是其他茶类。中国名茶的名称都很美，若能将这些奇巧而富有魅力的芳名认真浏览，细细品味，就会如赏诗读画般，令人浮想联翩，尚未品茶心已陶醉。

98 | 如何鉴赏茶形之美？

六大茶类的茶相各有其美，高档茶一般细嫩多姿，以绿茶为例，茶形可分为扁形、针形、螺形、眉形、兰花形、雀舌形、片形、珠形、曲形和环形等十类。外形虽然各异，但都清丽脱俗，如春妆处子。乌龙茶等外形虽粗老，但却

茶之美

有"乞丐的外形,菩萨的心肠,皇帝的身价"之美誉。其他茶类也都各有千秋。

99 | 如何欣赏茶色之美?

茶叶的色泽包括干茶色泽、茶汤色泽和叶底色泽三个方面。茶叶审评学所用专业术语分得很细,如红色、红艳、鲜红、橙红、橙黄、黄色、金黄、黄绿、翠绿、青绿、嫩绿、墨绿……而茶艺则要有艺术想象力,如把色泽艳丽的茶汤喻为"流霞",把白色清淡的茶汤比做"玉乳",把如梦如幻的汤色形容成"烟霞"。唐代徐夤的"冰碗轻涵翠缕烟",乾隆的"竹鼎小试烹玉乳"等都是描绘茶色的绝妙写照。

100 | 在茶艺中欣赏茶色之美应注意什么?

要全面鉴赏干茶、茶汤和叶底的颜色,但以欣赏汤色为主。形成茶汤汤色的都是水溶性色素,主要有黄酮类、茶红素、茶黄素、茶褐素、花青素等,因为这些物质的化学性质不稳定,所以出汤后应抓紧时间先观其色,再闻其香,后品其味。

101 | 从审评学的角度如何看茶香？

香气是茶叶的灵魂。茶叶的香气是由醇类、酮类、醛类、酸类、酯类、内酯类、酚类、过氧化物类、含硫化合物类、芳胺类等15大类芳香族物质综合组成，迄今已鉴定出的茶叶芳香族物质多达700种。审评时主要从三个方面评判：

1. 香气的特性，如清香、高香、幽香、毫香、嫩香、甜香、陈香、浓香等。

2. 茶香的类型，如花香型、果香型、火香型等。

3. 茶香的表现形式，如馥郁、高雅、浓郁、浓烈、纯正、平和、持久等。

这三者相互交叉，变化无穷，沁人心脾，令人身心愉悦。闻香既是一种精神享受，又是一种养生的妙法。

102 | 在茶艺中如何欣赏茶香？

茶香缥缈不定，变化无穷，所以茶艺强调要"三闻"。茶人对"三闻"有不同的解读。其一，闻干茶香、闻开汤后充分散发出的本香、闻叶底香。其二，热闻、温闻、冷闻。其三,开汤后闻三才杯杯盖内侧的香气、闻开汤后氤氲的水面香、品茗后闻杯底留香。三种方法常常综合使用。在欣赏茶香时特别强调在变化中闻香,在茶香变化中去捕捉那稍纵即逝的美妙感觉,你一定会如痴如醉。

103 | 茶艺中如何形容茶香?

修习茶艺与茶叶感官审评不同,通常不要求茶人对茶香做出准确的描述(由于茶香是数百种芳香族物质挥发后组成的混合气体,随着温度的变化,香气组成成分的比例也不断变化,所以根本就无法准确描述),而是要求茶人充分发挥想象力去捕捉茶香的变化,去感受茶香妙不可言的诗韵和禅意。茶香有的甜润馥郁,有的清幽淡雅,有的鲜灵沁心。唐李德裕赞曰:"松花飘鼎泛,兰气入瓯轻。"温庭筠赞曰:"疏香皓齿有余味。"宋代诗人王禹偁赞曰:"香于九畹芳兰气。"范仲淹赞曰:"斗茶香兮薄兰芷。"清代大臣高士奇赞曰:"香夺玫瑰晓露鲜。"乾隆皇帝形容茶香曰:"古梅对我吹幽芬。"这些都是形容茶香的妙语。

104 | 何为茶味之美?

茶味是茶叶品质的风骨。从生理学的角度看,"味"只有甜、酸、苦、咸四种基本味,但是在茶中,四味混合后则百味杂陈。苦,指舌根感到有类似奎宁的不适刺激。涩,指茶汤入口有不适的麻木之感。甘,指回味甜美。鲜,指茶味清爽宜人。活,指心理感受到茶汤带给人的舒适、愉悦、美妙、有活力的感觉。不同的人或同一个人在不同的心境下,对茶味会有不同的感受。带有浪漫主义色彩的女作家三毛对茶味有美妙的描述:"头一道苦如人生,第二道甜如爱情,第三道淡如清风。"而佛教界人士却常常把茶味称为"醍醐法味","醍醐"是最高深的佛法。

105 | 茶艺中如何鉴赏茶味之美?

茶汤冲泡好,温度降到45℃~50℃时的滋味最美,所以茶宜"旋冲旋啜",泡好即饮。品茶主要靠舌头,而味蕾在舌面的分布不均匀:舌尖对甜敏感,舌根对苦敏感,舌面及两侧前部对咸敏感,舌头中部对酸敏感,舌心对鲜敏感,所以茶汤入口后不宜马上咽下,而应当先含在口中并用口腔吸气,让气流带动茶汤冲击舌面各个部位的味蕾,令味蕾与茶汤充分接触后再咽下。啜茶一两道之后再改为"咬茶",即把茶含在口中,像口中含着一朵小花一样慢慢咀嚼,细细品味,让唾液中的酶和茶汤中的某些化学物质相化合,使茶汤的口感更加美妙。乾隆皇帝把这种品茶的方法总结为"细啜慢饮心自省""咀嚼回甘趣逾永"。茶艺中把这一道程序称为"含英咀华"。

106 │ 何为"茶味人生"?

历代茶人都把品茶视为对"茶味人生"的体验,但是不同的人有各自不同的追求。有的人品茶重在"以茶可雅志,以茶可行道",怀着积极入世的心态;有的人则宣称"天赋识灵草,自然钟野姿",把品茶当成隐逸生活的乐趣;有的人标榜品茶应当"啜苦可励志,咽甘思报国";有的人则陶醉于"茶烟一榻拥书眠"。不同的追求使得茶人对"茶味人生"的感受各不相同。例如"吾年向老世味薄,所好未衰惟饮茶",历尽沧桑的欧阳修从茶中品出了世态炎凉的苦涩味;"蒙顶露芽春味美,湖头月馆夜吟清",仕途得意的文彦博从茶中品出了生机盎然的春之味;"骨清肉腻和且正……啜过始知味真永""一瓯相映两无尘"的苏东坡从茶品出了和且正的君子味。虽然他们对茶味的感受各不相同,但是真正的茶人心中都明白,品茶是一种体验,人生也是一种体验,要像品茶时能够愉快地接受茶中百味一样,生活中也要能够坦然地接受人生百味,只有这样才能活出生命的精彩。

107 | 古人对宜茶用水有哪些著名的论述？

古代茶人认为"水是茶之母"，或者概括为"水是茶之体，茶是水之魂"，足见水对茶之重要。有关茶与水关系的论述很多。唐代陆羽认为："其水用山水上，江水中，井水下。"宋代宋徽宗赵佶认为宜茶用水必须"清、轻、甘、冽"。明代张源在《茶录》中提出："茶者，水之神也；水者，茶之体也。非真水莫显其神，非精茶曷窥其体。"张大复在《梅花草堂笔谈》中提出："茶性必发于水。八分之茶遇十分之水，茶亦十分矣；八分之水试十分之茶，茶只八分耳。"

茶之水

108 | 我国最早由谁提出水之美的客观标准?

宋徽宗赵佶在《大观茶论》中最早提出水之美的客观标准。他写道:"水以清、轻、甘、洌为美。轻甘乃水之自然,独为难得。"后代茶人又加上一个"活"字,即不断流动的水称为"活水",因为流动的水中氧气和二氧化碳气体的含量比较丰富,泡出的茶鲜爽度高。因此"清、轻、甘、洌、活"五项指标俱佳的水,才称得上宜茶用水。

109 | 为什么水质要清?

水之清表现为:"朗也、静也、澄水貌也。"水清则无杂、无色、透明、清亮、无沉淀物,最能显出茶的本色且不损茶味,故清澄明澈是宜茶用水的基本标准。

110 | 为什么水体要轻?

水体轻是指水的比重较小。相反比重大的水溶解的各种矿物质多,对茶汤的色香味都可能产生不良的影响。例如铁离子超标，茶汤会发暗，甚至变黑，香气降低。铝离子超标，茶汤味苦。锰、铬、钙等超标，茶汤苦涩味明显。锌超标，茶汤难以下咽。铅、汞、铬、镍、砷等重金属如果超标，会对人体造成严重的危害。因此宜茶用水的水体宜轻不宜重。

111 | 为什么水要甘、冽？

所谓水甘，即水入口时舌尖有甜滋滋的美感，咽下去后，喉中有甜爽的回味，用这样的水泡茶自然沁人心脾，所以古人认为"泉惟甘香，故能养人"。冽是指水的温度低，这样的水来自地下深处的泉脉，所受的污染少，泡出的茶滋味纯正。故古人认为"（水）冽，则茶味独全"。

112 | 为什么宜茶用水要活？

"流水不腐，户枢不蠹。"现代科学证明了流动的活水自我净化能力强，各种微生物在活水中不易大量滋生，并且活水中氧气和二氧化碳等气体的含量高，因此泡出的茶汤特别爽口。

茶之水

113 | 在茶艺学中水如何分类？

按照水的来源可分为三大类。

（1）天水类：雨、雪、霜、露、雹等。我国中医对天水有种种说法，例如立春的雨水得到自然界万物生发之气，用于煎茶饮之能补脾益气。又如《本草纲目》中记载："神灵之精，仁瑞之泽（甘露）"用于煎茶可使人身体轻灵，皮肤润泽。再如用鲜花上的露水煎茶能美容养颜。虽然这些说法不一定科学，但是东方文化艺术本身具有神秘感，对此感兴趣的人有闲情逸致时，用古代中医推崇的天水煎茶可增添茶艺的情趣。

（2）地水类：泉、溪、江、河、湖、池、井等。地水类中茶人们最钟爱的是泉水，这不仅仅是因为大多数泉水都符合"清、轻、甘、活、冽"的宜茶用水标准，更重要的是因为泉水无论是出自青山幽谷，还是城外景区，都以其涓涓的风姿和潺潺的声响引人遐想。访泉问茶自古以来就是中国茶艺的迷人乐章，泉水能为茶艺平添几分野趣，几分神秘，几分美感。

（3）再加工水类：包括自来水、纯净水（含蒸馏水、太空水）矿泉水、活性水（含磁化水、矿化水、离子水、生态水、高氧水等）净化水等，这是当今最方便，最保险的泡茶用水。

114 | 中国有几个"天下第一泉"？

至少有五个"天下第一泉"。一是陆羽赞赏的江西省星子县庐山康王谷谷帘泉。二是扬子江心第一泉，又名镇江中泠泉、南泠水、中濡泉等。三是乾隆皇帝御封的北京玉泉山玉泉。四是山东省济南趵突泉。五是四川峨眉山神水第一泉。

115 | 何为硬水，何为软水？

按水的硬度可把水分为硬水和软水两类。水的硬度也称为矿化度，指水中溶解的钙、镁、铁、锰、铝等矿物质元素的多少，多用德国度表示，1度相当于1升水中含有10毫克氧化钙。德国度0~8度称为软水，用于泡茶汤色亮丽，味纯香正。硬度大于8度称为硬水，硬水包括永久硬水和暂时硬水两种。用永久硬水冲泡出的茶汤质量较差。

茶之水

116 | 硬水如何软化？

硬水又分为暂时硬水和永久硬水两类。水中含碳酸氢钙及碳酸氢镁的水称为暂时硬水，这种硬水经煮沸，碳酸氢钙、碳酸氢镁会分解沉淀，沉淀后的水即成为软水。水中含硫酸钙、硫酸镁等经煮沸也不会分解沉淀的水称为永久硬水，这种水必须通过离子交换法、电渗析法、反渗透法等方法软化后才适宜泡茶。

117 | 有人说用老铁壶煮水能提高沸水的温度，软化水质，能增加铁离子的含量并对身体有好处，对吗？

从审美的角度讲老铁壶有它的价值，并且用什么壶烧水泡茶那是个人的自由，别人无权干涉。但是上述的三个理由都是违背科学常识的。

1. 学过物理的人都知道水的沸点只和当时当地的大气压强有关，和器皿的材质及加热的燃料都无关。在一个标准大气压下用任何材质的壶烧水，水的沸点都是100℃，用铁壶烧水不可能提高沸水的水温。

2. 暂时硬水用各种容器煮沸都能软化，永久硬水无论用什么材质的容器煮沸都无法软化，用老铁壶煮也不例外。

3. 自古以来我国的茶人都公认"铜腥铁臭不宜茶"，现代茶学研究更是证明了水中的铁离子过多会对茶汤的香气、色泽、滋味产生不良影响。另外，中国、美国、日本饮用水的国家标准都规定：每升水中铁离子的含量超过0.3毫克则不宜饮用。（详见我国的《生活饮用水卫生标准》GB5749—2006，亦可上网查看日本、美国等国家的饮用水标准）

118 | 什么是酸性水？什么是碱性水？

酸碱度用pH值来表示。pH值小于7为酸性水，pH等于7为中性水，pH值大于7为碱性水。泡茶最宜用中性水或弱酸性水，其次为pH值在7.3以内的弱碱性水。当pH值大于7时，茶黄素会被氧化而损失，茶红素会因氧化而使茶汤色发暗并降低鲜爽度，同时使香气减弱。

119 | 陆羽把水沸的过程分为几个阶段？

分三个阶段。"其沸如鱼目微有声，为一沸。锅边缘如

茶之水

涌泉连珠,为二沸。腾波鼓浪,为三沸。"一沸之水太嫩,称"婴儿水",泡茶力度不够。二沸之水称"得一水","天得一以清,地得一以宁",陆羽认为用"得一水"泡茶是最佳的选择。水烧到三沸时已经烧老了,水中溶解的氧气、二氧化碳等气体挥发殆尽,泡出的茶汤鲜爽度低。

120 | 日常生活中如何改善水质?

改善水质称为"养水",常用三种方法。

1. 用陶瓷水缸储入自来水后静置一段时间,使水中氯气挥发,水味自然纯化。

2. 用麦饭石、活性炭养水。用这种方法应注意定期清洗、曝晒或更换养水材料,保持养水材料的清洁。

3. 用净水机、逆渗透法、过滤法等改良水质。

茶之器
CHA ZHI QI

121 | 为何把"器之美"列入茶艺六大要素？

《易·系辞》中载"形而上者谓之道，形而下者谓之器"，无形的"道"，必须通过有形的"器"来表现。同时受传统饮食文化"美食不如美器"思想的影响，我国茶界视器为茶之父。唐代茶圣陆羽诗云："不羡黄金罍，不羡白玉杯。"宋代茶仙苏东坡诗云："浮雪花于兔毫（盏）。"清代乾隆皇帝诗云："越瓷吴鼎净无尘。"强调的都是茶具之美。陆羽在《茶经》中不仅把他精心设计的二十四式茶具单列为一章，而且在第九章中又特别强调："但城邑之中，

茶之器

王公之门,二十四器缺一,则茶废矣!"可见茶器在茶艺和茶道中的重要性。

122 | 茶具按功能如何分类?

可分为十类:烧火器,如风炉、电磁灶、酒精炉等;煮水器,如陶壶、釜、铜壶、随手泡等;承载器,如茶车、茶盘等;盛茶器,如茶叶罐、茶盒、茶荷等;泡茶器,如紫砂壶、瓷壶、三才杯、飘逸杯、同心杯等;品茶器,如杯、盏、碗等;清洁器,如水方、水盂、茶巾等;调味器,如糖罐、奶盅等;另外还有辅助茶具和贮物器具。

123 | 紫砂壶如何分类?

紫砂壶是我国陶瓷艺术品中的奇葩,它是由热衷于文化的艺人和热衷于工艺的文人共同创造的。在紫砂壶上凝结着厚重的传统文化,体现了东方艺术的精髓,折射出我国古典美学崇尚质朴,崇尚自然的艺术灵光。紫砂壶"方不一式,圆不一相",以圆与方这样简单的几何体创造出无穷变化,并且在变化中恪守了中国古典美学"和而不同,违而不犯"的法则,有的纤娇秀丽,有的拙纳含蓄,有的古朴典雅，有的妙趣天成……令人深爱笃好。按照外观形状可将紫砂壶分为光货、花货、筋囊器三类。

124 | 何为紫砂壶的光货？

紫砂壶的光货又称为几何体造型，它根据球形、筒形、立方体、长方体等几何形体变化而成，可细分为"圆器"与"方器"。方器讲究外轮廓线条分明，块面挺括，组合优美，并用线条做装饰。顾景舟的"僧帽壶"是其代表。圆器讲究"圆、稳、匀、正"，且圆中有变化，如掇球壶、汉扁壶等。

125 | 何为紫砂壶的花货？

把自然界动植物的形态用浮雕、半浮雕、堆雕等手法经艺术提炼取舍制成仿生形态的紫砂壶称之为花货。花货表现的是自然界中最具美学价值的东西，既有实用功能又具审美快感，所以独树一帜。如供春的树樱壶，陈鸣远的南瓜壶，蒋蓉大师的青蛙荷叶壶等都是传世经典之作。

茶之器

126 | 何为紫砂筋囊器？

把自然界中的瓜棱、花瓣、云水纹等形体分成若干等份，把生动流畅的筋纹纳入精确严格的设计，所制作出的壶称为"筋囊器"。如明代时大彬的"玉兰花六瓣壶"即为这类壶的经典之作。

127 | 紫砂壶有何优点？

紫砂壶的优点主要有以下几点：

1. 紫砂泥可塑性好，黏合力强，便于施展工艺技巧，造型千姿百态。

2. 紫砂壶呈双微孔结构，其微孔有的开张，有的闭合，具有良好的透气性、吸香性、保温性，用来泡茶不夺真香，不易发馊。

3. 紫砂壶会"亲人"。经过长期泡茶养壶，紫砂壶的表面会形成包浆，其光泽温润如玉，无论是观赏还是用手把玩都有亲切感。

4. 紫砂壶以素面素心立身，不以粉婉媚俗，其神韵古朴典雅，自古以来是我国文士君子比德的对象。

128 | 如何挑选紫砂壶?

顾景舟大师认为紫砂壶审美可总结为"形、神、气、态"四个要素,具体要四看:

1. 要看造型是否符合你的审美观并且富有神韵。

2. 要看泥质,主要通过看、听、摸来判断泥料的质量。看其色泽是否温润;听其声音是否清脆;把玩时手感是否温润细腻亲人。

3. 要看工艺是否精湛,主要看壶盖与壶体的结合是否紧密无间而又转动轻松,润滑不滞。注满水后出水时把壶拉高,看水柱是否圆滑并且"七寸不泛花",之后再看出水收断水是否得心应手,收放自如。

4. 要看铭文、图案和其他装饰的艺术水平。其中铭文特别重要,紫砂壶的收藏家都知道"壶以字贵,字以壶传",大师篆刻的铭文有时能使壶身价倍增,甚至成为至宝。

茶之器

129 | 有人说紫砂壶是泡茶的最佳选择,对吗?

这种说法太片面,也太绝对。紫砂壶虽有很多优点,但也有缺点,例如它不透明,若用于泡高档绿茶则无法欣赏茶相美和汤色美,优质绿茶"色绿、香郁、味醇、形美"的四大特点便有两点欣赏不到,这不得不说是极大的遗憾。再如它保温性好,用来冲泡各种细嫩的茶加盖后很容易闷了茶,造成熟汤失味。另外,因为紫砂壶双微孔结构会吸附茶香茶味,所以不能用于审评鉴赏茶叶,也不适用于营销型茶艺。

130 | 有人说盖碗是泡茶的"神器",适合泡各种茶,对吗?

这种说法也是片面的。只能说"可以用来泡一切茶",但是不能说"适合泡一切茶"。例如泡高端绿茶最适合的器皿是水晶玻璃杯,而非盖碗。再如用盖碗冲泡红茶因舒展不开,也泡不出最佳风味。另外,盖碗也不适合用于一些调饮法。

131 | 应如何选择茶具？

正确择器是茶艺的基本功,应把握好以下几点。

1. 因茶制宜,即根据不同茶类的茶性,以能最好地展现茶的色香味形为原则(具体的在讲各类茶泡法时已详述)选择、搭配茶具。

2. 因艺制宜,即根据生活型、表演型、营销型、养生型茶艺的不同要求来择器。

3. 因人制宜,这不仅仅是指茶事活动中器皿的选择应当根据客人的民族、信仰、审美情趣而定,更要根据茶艺所表现的主题人物的时代、身份、地位而定。例如冲泡同一种茶,宫廷茶艺、宗教茶艺、民俗茶艺、文士茶艺、时尚创新茶艺等对茶具的最佳选择必然各不相同。

4. 因境制宜,是指在不同的环境中品茶所选器皿的格调应当和品茗环境相协调。

茶之境
CHA ZHI JING

132 | 茶艺中何为境之美？

"境"是中国古典美学的范畴，历来受到文学家和艺术家的高度重视。人们普遍认为"喝酒喝热闹，喝气氛。品茶品意境，品文化"。茶艺倡导的是健康、精致、诗意的生活方式，所以特别注重意境美。意境是自然景物和人的情感的高度融合，意境美包括环境美、艺境美、人境美、心境美，只有四境俱美，茶艺才能通过茶事活动达到至美天乐。

133 | 环境美包含哪些内容？

茶艺中所谓的"环境"即品茗场所，包含外部环境和内部环境。外部环境之美主要有四种类型：一是"鸟声低唱禅林雨，茶烟轻扬落花风""曲径通幽处，禅房花木深"的寺院幽寂之美；二是云缥缈、石峥嵘、晚风清、断霞明及"日照江花红似火""晚凉月色照孤松"的山野自然之美；三是"远眺城池山色里，近探亭台芳菲中"的都市园林之美；四是"蝴蝶双双入菜花，日长无客到田家""黄土筑墙茅盖屋，门前一树紫荆花"的田园牧歌情调之美。

在营造外部环境时，茶人对植物和奇石有特别的要求。受"君子比德"审美观念的影响，茶人普遍偏爱松、竹、梅、兰、菊、荷等花草树木和奇石，人们把这些植物和奇石作为构成环境美的要素，并作为对茶境内涵意境之美的理解导向。

134 | 境之美对内部环境有何要求？

品茗对内部环境的总体要求是：简洁、温馨、舒适、高雅。具体要求不同茶类的品茶室格调应当各有特点。绿

茶之境

茶最好是田园牧歌情调；红茶则宜温馨浪漫，可以融入西方色彩；黑茶、普洱茶适合装修出民族风情；乌龙茶适宜古朴典雅大气之风；另外，禅茶房、太极茶道房也都有不少人喜爱。无论是哪一种风格，都应当窗明几净、装修简素、格调高雅、气氛温馨、光照适合，使人能全身心放松并有亲切感和舒适感。在布置品茗环境时要特别强调"美源于用"，注重艺术品位与实用性的完美结合。

135 | 茶艺中何为艺境美？

艺境指品茶时营造的艺术氛围。自古有"茶通六艺"之说，在茶艺中则讲究"六艺助茶"。这里的六艺不是特指古代儒士应掌握的礼、乐、射、御、书、数六种基本才能，而是泛指琴、棋、书、画、诗和金石古玩，茶人在借助"六艺"来营造品茗的艺境时要特别注重音乐和字画。

136 | 为什么营造品茗艺境时要特别注重音乐？

《乐记》云："乐者，德之华也。"音乐是古君子的必修课，好的音乐重情感，重自娱，重生命的感受，有助于为心灵接活生命之源,促进人们对自然精神的感悟和对人文精神的创造。品茗时,音乐是无形的温柔的手,能把我们的心牵引到茶艺所要表达的意境中去,并且使我们的灵魂随之升华。

137 哪些音乐最宜茶?

美妙的音乐都是茶的好伴侣,最宜茶的主要有三种。

1. 我国古典名曲幽婉深沉,韵味悠长,有荡气回肠,销魂摄魄之美,并且所表达的意境丰富多彩,最宜根据茶艺主题、时代背景、品茗季节、天气情况、客人身份等情况来选择。

2. 精心录制的天籁之音,如空山鸣泉、小溪流水、雨打芭蕉、松涛海浪、虫啼鸟鸣、古刹风铃等。

3. 专为品茶创作编辑的乐曲。另外,外国名曲、流行歌曲、校园歌曲、民歌小调等在茶艺表演时亦可作为与时俱进的尝试。

茶之境

138 | 在营造艺境美时还常借助哪些手段?

还可根据茶室的风格特点和人文追求来精选名家字画、金石古玩、花木盆景、文房四宝、琴箫书剑、鱼鸟茶宠、香案佛像等,其中,主题字画特别是楹联往往能起到画龙点睛的作用。不过茶室以简素为美,不可堆得太满太杂。切记过犹不及。

139 | 当前茶艺馆在利用音乐方面有何不足?

音乐在茶艺中的应用主要包括背景音乐和主题音乐两个方面。背景音乐主要根据季节、天气、时辰以及茶室营造的总体氛围等选择,宜舒缓、轻柔、温馨,音量应控制在若有若无的程度,如天籁般梦幻飘渺。主题音乐则应当根据茶艺所反映的时代、民族、宗教、主题思想及节奏特点精心选择。

140 | 何为人境美？

品茗的"人境"是指相聚在一起喝茶的人数及其情趣素养所构成的人文环境。不同时代，不同心态对品茗的"人境美"有不同的标准。明代张源在《茶录》中提出"独啜曰幽，二客曰胜，三四曰趣，五六曰泛，七八曰施"，他的这一观点被不少茶人视为金科玉律，其实，这个观点是片面的。品茗是社交活动，是友谊的桥梁。在很多情况下我们实际上无法控制品茗的人数，只能做好组织工作，并且循循善诱，引导参加品茗的茶友去静心感受不同人境美。个人认为品茗的人境美应当包括独啜得神，对品得趣，众饮得慧三种情境。

141 | 何为"独啜得神"？

独自品茶没有干扰，心易虚静，精神易集中，情感易随茶香升华，思想易达到物我两忘的境界。独自品茶，实际上是心与茶的对话，也是心与自然的对话，容易心驰宏宇，神游古今，内省自性，反观本明，达到"原天地之美而达万物之理"，体验至美天乐，彻悟茶道精神。故曰"独啜得神"。

茶之境

142 | 何为"对品得趣"?

品茶不仅是心灵的自由放牧,也可以是茶人之间心与心的相互沟通。邀一好友,无论是红颜(蓝颜)知己,还是肝胆兄弟(姐妹),相对品茗时或推心置腹倾诉衷肠,或无须多言心有灵犀,或仰望星空叩问心灵,或倾听风语感悟人生,或松下博弈,或幽窗谈诗,哪怕是酒后海阔天空地闲聊瞎侃都是当代社会很奢侈的人生趣事。故曰"对品得趣"。

143 | 何为"众饮得慧"?

孔子曰:"三人行,必有我师焉。"众人品茗,人多,议论多,话题多,信息量大。品茗的环境一般都清静幽美,艺境一般都温馨高雅,人境一般都志同道合,心境一般会闲适舒坦,因此,大家在品茗时最易坦诚相见,交流思想,相互启迪,学到许多在其他场合学不到的知识,故曰"众饮得慧"。

144 何为"心境美"?

品茗就是暂时停下匆匆忙忙的生活脚步,让灵魂跟上来。品茗就是让被生活风暴折磨得疲惫不堪的心得到歇息,让被"我执""法执"囚禁的心得到自由放牧,让被世俗红尘污染了的心得到澡雪,因此,品茗特别强调"心境美"。"心境美"即放下仕途沉浮、事业穷达的困扰,放下爱恨情仇、悲欢离合的焦虑,放下工作和生活的重负,放下宠辱、毁誉、是非、得失和心中的一切压力,使自己的心闲适、虚静、空灵、愉悦。有了这样的心境,在品茶时才能"在枯寂之苦中见生机之甘",才能"在不完全的现实世界中享受一点和谐,在刹那间体会永久"。

145 如何才能做到"心境美"?

人生在世不如意事常八九,穷达、宠辱、毁誉、得失、是非等问题时常困扰着我们。在现实生活中,我们不可能不食人间烟火。工作上必然有激烈的竞争,学习上时时要知识更新,仕途上难免有沉浮穷达,感情上难免有悲欢离合,生活上也会有柴米油盐、婚丧嫁娶、就业升学、伤残

茶之境

病痛、社交应酬等问题的困扰,所以心境美说来容易做到难。要达到"心境美",在修习茶艺时必须同时注重修习茶道,做到心术并重、道艺双修、体用结合,最终禅悟是唯一的途径。当你彻悟了"一切有为法,如梦幻泡影,如露亦如电,应作如是观",你便会产生"无往生心"的轻松,便会领悟"活在当下"的美妙。你学会了放下心头的一切烦恼,甚至连"自己"也放下,才可真正做到"日日是好日"。

茶之韵
CHAZHIYUN

146 | 什么是茶艺的艺之美？

茶艺六要素中的"艺之美"是指茶艺演示者直接表现出来的过程美和结果美。主要包括茶艺程序编排的内涵美，解说词的文学美，表演者的动作美、神韵美、礼仪美，服装、道具、化妆、布席美等过程美，以及最终达到的结果美，即展示出茶的色、香、味、韵、滋、气、形等茶性之美。当然，还应当注意，决不能忽略了奉茶时的礼仪美。

茶之韵

147 | 什么是茶艺程序编排的内涵美?

俗话讲"外行看热闹,内行看门道"。评价茶艺的内涵美不美,主要看这套茶艺是否"顺茶性、倡茶道、讲卫生、示茶美"。

1. 要看是否"顺茶性",即看按照这套程序泡茶,能否把该品种茶的内质美发挥得淋漓尽致。如果泡不出色香味韵俱佳的好茶,再花哨的程序也称不得美。

2. 要看是否"倡茶道",即看这套茶艺的程序和解说词是否倡导了中国茶道"和、静、怡、真"的核心精神;是否能体现出中国茶道"精行俭德"的人文追求;是否能表现出中国茶道"感恩、包容、分享、结缘"的基本功能。

3. 要看是否"讲卫生",即看每一道操作程序是否符合现代人的卫生要求。

4. 要看是否"示茶美",即看这套茶艺在实践中是否能充分展示出茶性的内在之美,冲泡出色香味韵俱佳的好茶。

148 | 茶艺的内涵美为何首先要强调"示茶道"?

因为大道无形,茶道必须借助茶艺来彰显。"示茶道"即要求茶艺程序编排和解说词编写时要力求符合中国茶道"和、静、怡、真"四谛;要倡导"精行俭德"的人文追求;要体现中国茶道"感恩、包容、分享、结缘"四大功能。目前在全国各地流传很广的一些茶艺,有的内容有违中国茶道以"和"为贵的基本精神。例如乌龙茶茶艺中的"关公巡城""韩信点兵"等刀光剑影杀气腾腾的程序应当摒弃。再如,有一些茶艺只注重形式,看起来花里胡哨,但是没有灵魂,显得虚浮浅薄,因此要特别强调"以艺示道",在茶艺中融入茶道的精神,争取让人们在美的享受中得到道的启迪。

149 | 在茶艺演示中如何才能做到动作美和神韵美?

要用茶艺美学指导茶艺实践。中国茶艺美学融合了儒释道美学理论,我们在茶事实践中要以儒家的中庸之美为指导,掌控动作的速度、力度和幅度,做到刚柔并济、开合得当、舒缓有致；以佛家的空寂之美为境界，做到虚静无我、专心泡茶、心无旁骛；以道家的"道法自然"为追求，做到率性任真、至真至诚、不俗不媚、毫不造作。

150 | 茶艺美的培训要经过几个阶段？

茶艺培训要经过熟练、规范、传神达韵三个阶段。

首先做到熟练，即把解说词和程序背得滚瓜烂熟，并能与动作熟练配合。要有惊人技艺，得先练基本功，熟能生巧，这个阶段比较枯燥，但是很重要。

第二个阶段是规范，即精心辅导，力求使学员每一个动作都做到规范优美。正所谓"行家一出手，就知有没有"。我国的茶艺在操作规范方面与日本比有不小的差距，今后这个阶段要大力加强，要注意做好每一个细节。

第三个阶段是最终做到"传神达韵"，即用肢体语言完美地表现出茶艺的思想内涵。要做到"传神达韵"，首先对茶艺解说词要有深刻细致的理解，明确自己是谁，这一点非常重要。中国茶艺分为宫廷茶艺、宗教茶艺、文士茶艺、民俗茶艺、时尚创新茶艺，因为不同茶艺所需的角色不同，所以要求他（她）的气质、风度、服饰、形象也不同。在此基础上通过反复实践，不断总结经验，才能实现质的飞跃：从"我演谁，我像谁"升华到"我演谁我就是谁"。到了"我演谁我就是谁"的境界,那才能称为"传神达韵"。

151 | 什么是韵?

韵是中国古典美学中的一个重要的范畴,最初是指音律和谐,后来发展为"韵者,美之极"以及"气韵生动"的美学理论,特别是宋代黄庭坚把韵之美推广到诗词、书画及其他各种艺术中。在茶艺中,"韵"可理解为传神、动心、有余意,或者是能引起人的心灵畅适,但又有言有尽而意无穷的美感。

152 | 实践中要表现"传神达韵",其基本技巧应当注意些什么?

应当特别注意"静"和"圆"。"静"才能心无旁骛,气血和平,心与神合,灵与道通。"圆"才能做到一套动作一气呵成,圆融贯通,如一股真气在其中流转,无滞无碍。

茶之礼
CHAZHILI

153 | 什么是茶艺礼仪？

礼仪从属于伦理道德，是人类为了维护社会正常生活而要求人们共同遵守的文明社交规范。茶艺礼仪是在人类基本道德规范约束下，茶人们在茶事活动中以约定俗成的文明的言行举止来表达律己敬人的礼节和仪式。

154 | 茶艺礼仪有什么特征？

茶艺礼仪具有五大特征：

（1）规范性：礼仪是衡量当事各方是否律己敬人的统一尺度。

（2）包容性：所规定的各种礼仪都必须尊重世界各个国家各个民族的习俗。随着信息化时代的到来和国际交往的不断密切，我国茶艺礼仪也应当和国际接轨。

（3）传承性：礼仪是历史文化遗产，我们应当取其精华，去其糟粕，在传承其精神的前提下做到与时俱进，不断发展完善。

（4）平等性：在礼仪面前人无尊卑贵贱之分。

（5）差异性：必须承认不同民族不同人群的文化心理差异，外出交流时应当入乡随俗。接待来宾时注意做好解释工作，避免误会。

155 茶艺礼仪有什么功能？

茶艺礼仪主要有四种功能：

1. 有助于塑造良好的茶人形象。

2. 可提高茶人的修养，促进社会文明建设。

3. 弘扬优秀传统文化，增强民族自信心，通过自律互敬，可加深友情。在国际交往中能提升中华民族的文明形象。

4. 用于经营场所能营造和谐温馨的气氛，提高企业管理水平，增强企业的吸引力和凝聚力。

茶之礼

156 | 常用的茶艺礼仪有哪些？

常用的茶艺礼仪主要有握手礼、鞠躬礼、伸掌礼、叩手礼、注目点头礼、端坐礼、置茶礼、奉茶礼、应答礼、寓意礼及其他礼节等十一类，其中一些是社交通用礼仪，一些是茶室专用礼仪。

157 | 握手礼应注意什么？

握手礼是应用较普遍的社交礼仪，茶室中常在迎客或告别时用。握手要用右手，男士不能戴手套，女士可戴薄手套，男女均不能戴墨镜。握手时应长辈在先、上级在先、女士在先，握手力度不宜过大，时间以3~5秒为宜，男士握女士时只可轻握手指部分。切忌握手后用手帕擦手。

158 | 站姿鞠躬礼应注意什么？

行站姿鞠躬礼时要向前一步，左脚先行，右脚跟上，右手握左手指，双手四指合拢置于腹前，或双臂自然下垂，手指自然并拢呈"八"字形轻轻扶在双腿上，面带真诚的微笑，轻松、自然、柔和地缓缓低头弯腰，目视脚尖。直身时的速度和表情要和俯身时一样。

159 | 如何行坐姿鞠躬礼？

坐姿鞠躬礼一般采取正式坐姿。行真礼时，双手手指自然并拢，平扶膝盖，含微笑低头，腰部顺势前倾约45度，直起时目视双膝，面带微笑，缓缓直起。行半礼时，双手呈八字形放于大腿中部，低头前倾约30度。行草礼时，双手呈八字形放在大腿后部，头向前略倾即可。

160 | 何为正式坐姿？

入座轻稳，最好坐在椅子的一半或2/3处，坐下后上身和头正直，双目平视，嘴巴微闭，下巴微收，面带微笑，小腿与地面基本垂直，双脚自然落地，男士双膝间离开一拳宽。女士双脚并拢，或左脚在前右脚在后交叉成直线，右手放在左手上搭在右腿根部，双臂不可夹紧。

茶之礼

161 | 何为伸掌礼？

这是茶事活动中使用最频繁的特殊礼节。当主泡须请助泡或客人配合时常用此礼，表示"请"或"谢谢"。两人正面相对时，伸右手掌。若两人侧对时，右侧方的伸右掌，左侧方的伸左掌。行礼的姿势为五指自然并拢，手心向上，从胸前向所敬奉的物品旁伸展，同时欠身。

162 | 何为叩手礼？

叩手礼，以"手"代"首"，二者同音，"叩首"为"叩手"所代。主人为客人斟茶时，客人用食指、中指轻叩桌面三下致谢，即叩手礼。此礼出处版本甚多，其中流传较广的一个是：在清朝时，有一次乾隆皇帝带太监周日清外出微服私访，乾隆扮随从，周日清扮主子。一日，他们在茶馆品茶，乾隆为周日清斟茶，按礼周日清应当跪下叩首谢主隆恩。但是茶馆鱼龙混杂，若是跪拜无疑就暴露了乾隆皇帝的身份。周日清急中生智，用叩手代叩首。此礼后来主要流传于我国的港澳台地区。

163 | 如何行端坐礼？

端坐礼贯穿于茶事活动的全过程，正确的坐姿会给人文雅、稳重、大方、自然、亲切的美感。坐时应端坐，身体重心居中，双腿膝盖至脚踝并拢，身体挺直、双肩放松、挺胸收腹、下巴微收，目光专注而祥和，身体可稍侧。无动作时双手应交叉放在腹部右侧或操作台。

164 | 何为注目礼和点头礼？

注目礼是用眼睛庄重、友好、亲切而专注地看着对方；点头礼即亲切地点头示意。这两个礼节一般是在向客人敬茶或奉上某件物品时使用。

165 | 何为置茶礼？

置茶礼是对斟茶的基本要求：动作要轻、稳、准。器具不得碰出响声，台面保持清洁整齐，操作时手不得触及杯沿，斟茶时应低斟并且只宜斟到七八分满，因为我国民间普遍广泛流传着"酒满敬人，茶满欺人""茶斟七分满，

茶之礼

留下三分装情"的说法。另外，在茶事活动中要注意避免茶斟得太满烫到客人。

166 | 何为奉茶礼？

奉茶礼要求用双手敬茶，有些地方还讲究敬茶时要先举案齐眉，然后结合注目礼、点头礼，表示对客人和茶都极其尊重。

167 | 何为寓意礼？

寓意礼是民间流传的相约成俗的茶事礼仪。如凤凰点头的手法代表向客人鞠躬致意；斟茶或冲水画圆圈式巡壶时，用右手应逆时针方向（若用左手应顺时针方向）表示欢迎客人来。相反若顺时针则是赶客人走；茶壶嘴不可对着客人，否则是大不敬；茶不可斟满，留三分装情……

问绿玉
WENLUYU

168 | 什么是茶树？原产于何地？

茶树是被子植物门、双子叶植物纲、山茶目、山茶科、山茶属、茶种的多年生木本常绿植物，拉丁文学名为 Camellia sinensis（L）O. Kuntze，其中，sinensis 在拉丁文中意为中国，可见茶的原产地在中国，目前多数学者认为茶树原产地的中心包括云、贵、川、渝等地。

169 | 茶树如何分类？

目前我国茶树通常按三级分类法进行划分。

问绿玉

1. 按照树型分类，为乔木型、小乔木型、灌木型三类。

（1）乔木型：乔木型茶树有明显而高大的主干，主根发达，树高可达 20 多米，基部干围可达 1 米以上，树龄可超千年，如云南大雪山茶祖，树高 27 米，树龄千余年。

（2）小乔木型：小乔木型茶树基部主干明显，主根较发达，树高可达 4~6 米。

（3）灌木型：灌木型茶树无明显主干主根，永远长不高。

2. 按叶片大小分类为以下四种。

（1）特大叶类：叶长大于 14 厘米，叶宽大于 5 厘米。

（2）大叶类：叶长 10~14 厘米，叶宽 4~5 厘米。

（3）中叶类：叶长 7~10 厘米，叶宽 3~4 厘米。

（4）小叶类：叶长小于 7 厘米，叶宽小于 3 厘米。

3. 按发芽迟早分类为早芽种、中芽种、迟芽种。

170 | 茶树按发芽迟早如何分类？

因为同一品种茶树在不同纬度，不同海拔高度发芽的具体日期不同，故无法按萌芽日期分类，而是按活动积温*分类。

---

* 活动积温：当日平均气温稳定上升到 10℃以上时，大多数农作物才能活跃生长。把大于等于 10℃持续期内的日平均气温累加起来，得到的气温总和，叫做活动积温。

1. 早芽种春茶一芽三叶时期活动积温少于400℃。
2. 中芽种春茶一芽三叶时期活动积温400℃~500℃。
3. 迟芽种春茶一芽三叶时期活动积温大于500℃。

171 | 我国的商品茶是如何分类的？

我国商品茶有不同的分类方法，影响面最广的是由已故的茶学专家陈椽教授提出，被收入在陈宗懋院士主编的《中国茶经》中的分类法。该法首先把商品茶分为基本茶类和再加工茶类。基本茶类又按加工工艺分为绿茶、红茶、乌龙茶（青茶）、黄茶、白茶和黑茶六大类。

172 | 什么是绿茶？绿茶分为几类？

用茶树芽、嫩叶、嫩茎经过杀青、揉捻、干燥等工艺制成的初制茶（毛茶）和精制后保持绿色特征可供饮用的茶称为绿茶。绿茶不发酵，按杀青工艺可分为蒸青、高温滚炒杀青、微波杀青三类。按干燥工艺绿茶可分为晒青绿茶、炒青绿茶、烘青绿茶三类。

问绿玉

173 | 有的茶书把绿茶分为蒸青绿茶、炒青绿茶、烘青绿茶、晒青绿茶，对吗？

这种说法违背了一次分类只能选用一个标志的基本原则，把杀青工序和干燥工序两个不同的工艺程序混在了一起。蒸青属于杀青工艺，炒青、烘青、晒青三者属于干燥工艺，不同工艺混在一起分类必然造成混乱。例如，蒸青绿茶经过杀青后可以烘干亦可炒干或晒干，请问这种茶该归在哪一类？

174 | 绿茶的茶性有哪些特点？

绿茶是用茶树新梢的芽叶嫩茎，经过鲜叶摊放、杀青、揉捻、干燥等工艺制成的。从工艺特点看，绿茶属于不发酵茶；从外形上看，高档绿茶多数是细嫩茶，冲泡后茶相很美，有观赏价值；从香型看，绿茶香气清鲜高雅，常见的有豆花香、板栗香，极少数有兰花香；从滋味看，绿茶通常清爽鲜醇。总体来讲，高端绿茶一般具有"一嫩三绿"的特点：茶相嫩、外观绿、汤色绿、叶底绿。但是太平猴魁、六安瓜片等例外。

175 | 绿茶按外形如何分类？

可分为十类。

（1）扁形：光扁平直如龙井。

（2）针形：细紧圆直如安化松针。

（3）螺形：紧细卷曲如碧螺春。

（4）眉形：弯曲似眉如婺源茗眉。

（5）珠形：如雷山银球。

（6）片形：如六安瓜片、太平魁。

（7）曲形：如午子绿茶。

（8）环形：如女儿环。

（9）兰花形：如舒城兰花。

（10）雀舌形：如金坛雀舌。

176 | 冲泡绿茶应掌握哪些技巧？

"诗写梅花月，茶煎谷雨春。"泡茶和写诗一样是艺术创作的过程。绿茶细嫩娇贵，冲泡时应掌握四个基本技巧才能泡出"梅花月"一样富有诗意的好茶。

1. 精茶杯泡，粗茶壶泡。

2. 根据茶性选择不同的投茶法，即选择是采用上投法、中投法，还是下投法。

3. 控制好水温，切忌熟汤失味。

4. 注意续水的技巧和讲解。用玻璃杯冲泡绿茶头一泡茶品到还剩 1/3 时即应当续水，第二泡茶品到还剩一半时即应当续水。

177 | 为何要精茶杯泡，粗茶壶饮？

因为名优绿茶都具备色绿、香郁、味醇、形美四大特点，用晶莹剔透的玻璃冲泡最便于欣赏绿茶在杯中遇水苏醒，吸水舒展的过程以及在碧波中展现出的千姿百态。高档绿茶在杯中展示出的茶相美、叶底美令人浮想联翩。另外，高档绿茶较细嫩，用玻璃杯冲泡不易闷坏，且不会造成熟汤失味。粗老绿茶用壶泡可掩盖其缺点并且更出味。

178 | 冲泡绿茶时何为上投法？

投茶法分为上投法、中投法、下投法。碧螺春、都匀毛尖等细嫩松散茸毛多的绿茶宜用上投法。上投法是指先将 70℃~80℃ 的水在玻璃杯中注入七分满（约 150 毫升），然后投入3克茶。茶吸水后以不同优美的姿态纷纷扬扬下沉,称为"碧雪沉江"。再晃动杯子,吸水后的茶芽徐徐苏醒,翩跹起舞,楚楚动人。这时,杯中无色的水逐渐泛起生命的绿色,优雅的茶香随着茶汽徐徐四溢,称之为"碧云飘香"。

179 | 何为中投法?

冲泡龙井、凤岗翠芽、午子仙毫、竹叶青等条索紧结光滑的名优绿茶时宜选用中投法。中投法即先在杯中投茶3克,注入少许沸水开香,润茶1~2分钟后再用凤凰三点头的手法冲入80℃~85℃的开水到七分满。润茶后已舒展开的茶芽随水浪上下翻腾,如游鱼戏水,如绿蝶翻飞,栩栩如生,赏心悦目。待水平静之后茶芽簇立杯中,如绿衣仙子在水中央翘首庸望,美不胜收。用中投法能把龙井茶"色绿、香郁、味醇、形美"的特点展现得淋漓尽致。

180 | 何为下投法?

冲泡较粗老或者耐高温的绿茶(如黄山毛峰、君山绿针、六安瓜片等)宜选用下投法。下投法即先在杯中投3

问绿玉

克茶，然后直接一次性注入七分满 90℃~100℃ 的开水。这种方法简便易行，泡出的茶汤滋味浓厚，在日常生活中也常用。

181 | 冲泡绿茶时续水有什么技巧？

用玻璃杯泡绿茶一般只冲三道（用工夫茶冲泡法可泡 7 道左右）第一冲称为"头开茶"，奉茶后应引导客人"杯中观茶舞"，并迎着氤氲上升的茶汽体验绿茶嫩香带来的春天山野的美妙气息，然后再品茶。当头开茶饮到剩 1/3 杯时应及时续水到七分满，若续水太迟，则二开茶淡而无味。二开茶饮到剩半杯时即应再及时续水。

182 | 绿茶的工夫泡法有哪些要领？

绿茶的冲泡方法也在与时俱进，近几年悄然兴起了工夫泡法。绿茶的香气清幽、鲜嫩、淡雅，用传统的泡法嗜饮浓茶、爱闻茶香的人觉得不过瘾，所以借鉴工夫茶的泡法，在盖碗中按茶水 1∶20 的比例投茶，然后冲入开水浸润 2~3 秒即尽快出汤，及时传着闻香，切忌"烫死"了茶。这道程序称为"高温开香"，其香气浓郁醉人。然后用 80℃~90℃ 的水泡饮，可冲泡品饮 7 道以上。

183 | 有人说高档绿茶应当用 80℃~85℃ 的水冲泡，对吗？

这种说法太绝对了。入选《中国名茶志》的高档绿茶有八百来种，其茶性各不相同。泡碧螺春等细嫩松散的茶，水温 70℃~75℃ 的水即可；龙井等 80℃~85℃ 最宜；黄山毛峰有鱼叶保护，故要 95℃ 以上的开水冲泡才能较快泡开；君山绿针不仅要用 95℃ 以上的开水冲泡，而且还要加盖。另外，我国民间流传着"冷水泡茶慢慢浓"的谚语，在实践中绿茶亦可以用冷水慢慢泡。

184 | 春饮花茶、夏饮绿茶、秋饮乌龙、冬饮红茶，对吗？

这是不懂茶的文人的诗意说法。实际上只要身体没有毛病，各种茶在四季都能喝出不同的惬意，喝出健康，喝出生活的精彩。以绿茶为例，春季抢新，可从头春茶中品味春天的气息，吸纳春天的活力；夏天以清爽的绿茶消暑，能令人释躁平矜，神清气爽；秋天以绿茶和瓜果相配，能感悟到春华秋实的喜悦；寒冬可在绿茶杯中寻找盎然的春意。西北地区流行用绿茶冲泡八宝茶（冰糖刮碗茶、三泡台），更是能给生活在冰天雪地中的群众带来无穷的乐趣。

　　这种说法的错误还在于它经不起实践的检验。例如北爱尔兰、英国等茶叶消费大国一年四季几乎都是喝红茶，结果喝成了长寿之国；我国新疆于田县的老百姓一年四季都是喝黑茶，广西巴马县的群众一年四季都是喝绿茶，结果都喝成了世界最著名的长寿之乡。另外，这种说法既误导了消费者，限制了他们在各个季节里随心所欲品饮不同茶类带来的多姿多彩的乐趣，又阻碍了茶叶的正常流通，影响我国茶产业的健康发展。

185 | 龙井茶有什么特点？

　　龙井茶被誉为"色绿、香郁、味醇、形美"四绝佳茗，康熙年间被列为贡茶，其后乾隆皇帝多次为龙井茶题诗，并把狮峰山下胡公庙前的18棵茶树封为"御茶"，于是声名远播。龙井茶的采制工艺十分考究，采青讲究一早、二嫩、三勤，炒制分为青锅、回潮、辉锅等三道工序。

186 龙井茶如何分类？

由于产地生态条件和采制技术的差别，历史上把龙井茶分为狮、龙、云、虎四个品类。"狮"产于狮峰山、龙井村一带；"龙"产于老龙井、翁家山一带；"云"产于云栖、梅家坞一带；"虎"产于虎跑、四眼井一带。目前的国家标准 GB/T18650 把龙井茶分为西湖龙井、钱塘龙井、越州龙井。

187 洞庭碧螺春有何特点？

据《清朝野史大观》载：太湖洞庭东山碧螺峰石壁产野茶数株，土人称"吓煞人香"。康熙己卯年抚臣宋荦购此茶以进，帝以其名不雅驯，题之曰"碧螺春"。其特点是"一嫩三鲜"，即采的芽叶嫩，成品茶的色鲜、香鲜、味鲜。优质洞庭碧螺春每年春分前后开采，谷雨前后结束，炒制的特点是手不离茶，茶不离锅，揉中带炒，炒中带揉，炒揉结合，一气呵成。成品茶条索纤细，卷曲成螺，满身披毫，银白隐翠，开泡后汤清、香幽、味鲜。第二泡汤翠、香郁、味醇；品第三泡时其花香果味令人陶醉。

问绿玉

188 | 黄山毛峰有何特点？

黄山以奇松、怪石、云海、温泉、佳茗五绝闻名天下。黄山毛峰是谢裕泰茶庄于清光绪年间创制的，原产于桃花峰、紫云峰、慈光阁等地，其形似雀舌，匀齐壮实，峰显毫露，色如象牙，鱼叶金黄，清香持久，汤色清亮，滋味鲜浓、醇厚、甘甜，叶底肥壮呈兰花状。最突出的特点是"黄金片，象牙色"。因为黄山毛峰有鱼叶保护，虽然看似细嫩，但是冲泡时所需水温较高。

189 | 都匀毛尖有何特点？

都匀毛尖又名"鱼钩茶""白毛尖""细毛尖"，属螺形细嫩炒青绿茶，创制于明清年间贵州都匀团山、大定一带，1915年在巴拿马万国博览会荣获金奖，之后，其工艺失传。1973年恢复生产，新工艺都匀毛尖以一芽一叶初展的茶青为原料，成品茶色泽鲜绿、白毫显露、条索卷曲、香气清高、滋味鲜浓、回味甘甜，1982年获全国名茶称号，宜以75℃~85℃开水用上投法冲泡。该茶具有"三绿透三黄"的特点，即干茶色泽绿中带黄，茶汤色泽绿中透黄，叶底绿中显黄。当地茶农称赞说："饮罢浮花清香味，心旷神怡似神仙。"

190 | 信阳毛尖有何特点？

信阳毛尖创制于清末，产于河南省南部大别山区的信阳，以"五云两潭一寨"（车云山、云雾山、集云山、天云山、连云山、黑龙潭、白龙潭、何家寨）最为有名。特级信阳毛尖一芽一叶初展占85%以上，其特点是外形细、圆、紧、直、滑，披满白毫。香气高爽持久，滋味鲜醇，汤色嫩绿明亮，1915年获巴拿马万国博览会金奖，1958年被列入中国十大名茶。

191 | 六安瓜片有何特点？

六安瓜片的创制时期无准确的考证，产于安徽六安、金寨、霍山毗邻山区，分内山瓜片、外山瓜片两个产区，以金寨县齐云山所产的"齐山名片"为极品。采摘时，以对夹二三叶和一芽二三叶为主，鲜叶采回后要及时扳片，将未开面的嫩叶和已开面的老叶分开炒制，炒制工艺分为五道：生锅、熟锅、拉毛火、拉小火、拉老火。成品茶外

问绿玉

形如瓜子,自然平展、叶缘微翘、色泽宝绿、清香高爽、滋味鲜醇、回甘持久、汤色清亮,过去根据采制季节分为三个品级,谷雨前采制的称为"提片",品质最优;其后采制的大宗产品称为"瓜片";进入梅雨季节采制的称为"梅片"。陈宗懋院士主编的《中国茶经》中称:"六安瓜片在我国名茶中独树一帜,采摘、扳片、炒制、烘焙技术皆有独到之处,品质也别具一格。"

192 | 贵州凤冈锌硒有机茶有何特点?

凤冈富硒富锌有机茶是贵州省凤冈县新创的名优绿茶,也是全国唯一的集富硒、富锌、有机三位一体的天然营养保健茶。

硒是联合国卫生组织于1973年公布的人体必不可缺的微量元素之一。有机硒主要以硒代半胱氨酸的形式存在于氧化酶中,参与清除人体新陈代谢产生的自由基,保护细胞和心、肝、肾、肺等器官,防止DNA损伤,延缓人体机能衰退,从而延缓衰老。所以医学家称硒为"月光元素""抗癌之王""长寿之星"。

锌是人体内多种酶的重要构件。人体若缺锌,会导致与生育、发育相关的酶的数量减少或活性下降。儿童缺锌表现为厌食，发育迟缓，成年人缺锌表现为生育能力低下。所以，锌有"生命的火花"和"夫妻和谐素"双重美称。

凤冈地处黔北高原的富硒富锌带，这里雨量充沛，气候温和，茶区植被覆盖率高达83％以上，是全国著名的生态示范县，所产的有机绿茶已通过国家认证，经权威部门检测有机锌的含量为每千克40~100毫克；有机硒的含量为每千克0.25~3.5毫克，均达到保健饮品的最佳值。2004年10月，凤冈县被中国特产之乡组委会授予"中国富锌富硒有机茶之乡"称号。2006年1月，"凤冈富锌富硒茶"通过国家质检总局评审，获得地理标志产品保护。

凤冈富硒富锌有机茶的条索肥壮秀美、汤色嫩绿，香气高雅、滋味鲜爽醇厚，回甘持久强烈，叶底均齐成朵，无论茶的色、香、味、形、韵还是其营养保健价值，均堪称当代名茶中的新秀，目前正在开发高端市场。

辨红香
BIAN HONG XIANG

193 | 什么是红茶？如何分类？

经过萎凋、揉捻、充分发酵、干燥等工艺生产的茶称为红茶。红茶分为三类：一是小种红茶，其中，正山小种红茶是世界红茶之祖，原产于福建武夷山桐木关。二是工夫红茶，这是在小种红茶的基础上发展而成的，按产地分闽红、宁红、祁红、滇红、宜红、湖红、越红等。其中，祁门红茶（简称祁红）与印度的大吉岭红茶、阿萨姆红茶、斯里兰卡的乌瓦高地红茶并列为世界四大高香红茶。三是红碎茶，指经萎凋、揉切、发酵、干燥而成的红茶。

194 | 红茶的茶性有何特点？

红茶"红叶、红汤、红叶底"具有极好的兼容性，不仅适合清饮，而且最宜调饮，无论加奶、糖、蜜、冰、果汁、香料甚至酒都可调出美味可口的浪漫饮料，所以深受各国男女老少的喜爱。英国人喻之为"健康之液，快乐之杯，人权甜品"。

195 | 什么是小种红茶？

小种红茶是世界红茶的"老祖宗"，明末清初创制于我国福建武夷山桐木关一带，初制工艺为萎凋、揉捻、过红锅、复揉、松柴明火薰焙。历史上小种红茶分为正山小种红茶、外山小种红茶和烟小种。生产于星村桐木关一带高山区的称为正山小种或星村小种；周边县市，如建阳、光泽、邵武、松溪等地用此工艺生产的红茶称为外山小种；用工夫红茶经烟熏仿冒的称为烟小种。随着时代的发展，正山小种红茶的生产工艺也在不断改进，当地茶农把用传统工艺生产的带有松烟香和桂圆干味的红茶称为"烟小种"，把不带松烟香的红茶称为"新工艺小种红茶"。

辨红香

196 | 何为金骏眉？

金骏眉是由武夷山正山茶业有限公司董事长江元勋牵头，采纳北京张孟江先生的建议，集中了叶启桐、祖耕荣、梁骏德等人的智慧，用桐木关一带高山春茶的单芽头生产的高档红茶。金骏眉 2006 年试制成功，2009 年批量上市。"金"言其色、示其质、喻其价；"骏"希望它如骏马，一马当先，带领中国红茶复兴；"眉"指其条索精细。金骏眉在加工工艺方面也有重大改进，采用日光萎凋与室内人工升温增氧萎凋相结合，手工揉捻为主，应用人工增氧悬挂式发酵技术，最大限度提升茶黄素含量，用传统炭焙干燥但不熏烟，正品可用沸水冲泡，汤色金黄亮丽，金圈宽厚，滋味甘甜，集蜜香、薯香、花香于一体，有高山韵。金骏眉上市后一炮走红，各地竞相仿制。

197 | 世界四大高香红茶是指哪几种？

茶业界有世界三大高香红茶和世界四大高香红茶两种说法。四大高香红茶是：

1. 中国祁门工夫红茶，以似蜜糖香又蕴兰花香的"祁门香"名扬五洲。

2. 印度大吉岭红茶，以类似麝香葡萄酒的芬芳著称。

3. 印度阿萨姆红茶，以茶香浓烈著称。

4. 斯里兰卡乌瓦高地红茶，香气具有令人愉悦的刺激性。三大高香红茶是指中国祁门红茶、印度大吉岭红茶、斯里兰卡乌瓦高地红茶。

198 | 冲泡品饮红茶应注意哪些？

"松雨声来乳花熟，咽入香喉爽红玉。"如果说品味绿茶如同品读田园山水诗，需要多一次想象力，多一点天人合一的情怀，那么品饮红茶则如品读爱情诗，需要多一点温柔，多一点浪漫。在冲泡时应注意器皿的选择不同于冲泡乌龙茶或普洱茶；水宜软不宜硬；清饮、调饮、冷饮、热饮皆不可偏废。

199 | 冲泡红茶应如何选配茶具？

虽说"器是茶之父"，但喝茶是一件很自我的事，因而冲泡红茶的器皿选择也可简可繁，一切应根据个人爱好及茶艺主题而定。目前用工夫茶茶具泡红茶，简约方便，但

辨红香

喝红茶不同于啜乌龙，每杯要有较多的茶汤才更能品出红茶的浪漫与温馨。以下介绍几组茶具组合供参考。

1. 红茶欧式豪华型组合，这种组合的瓷壶一般为 500 毫升或 1000 毫升，由于壶体宽松，茶叶在壶中能自由舒展，充分释放出内质美。500 毫升的壶一般配两只 150 毫升的茶杯，适于对品，杯中有足够的茶汤，可悠然自得地慢聊细品并享受甜点。1000 毫升的壶一般配 6 个杯。

2. 红茶中式瓷壶组合，中式瓷壶的色彩、图案都比较素雅，可和中式家具和中式风格的茶室相配，亦可与西式家具和西式风格的茶室相配，形成不均齐美的对比。

3. 红茶少数民族银质茶具组合，这种茶具组合华贵并富有西域少数民族的艺术特色，虽然冲泡红茶的效果不如瓷质茶具组合好，但是用这种组合，辅以葡萄干、杏仁、无花果干等新疆特色茶点，边品茶，边吃茶点，边欣赏西域民族音乐，也不失为一种浪漫的享受。

4. 红茶玻璃器皿组合，这种组合最能彰显出红茶汤色那一抹奇异的嫣红。生活中的美无所不在，我们喜爱"池塘生春草""清水出芙蓉"的清丽之美，我们同样乐于欣赏"唯有牡丹真国色"的那种富贵之美。白石清泉，一瓣心香和画舫风荷，华堂焚香都能与茶相配，让我们敞开胸怀去拥抱美。

5. 红茶茶具家常组合，一般配有糖罐、奶盅等，有的还配有果酱瓶、蜂蜜罐等。

200 红茶主要有哪些泡法？

红茶分清饮、调饮两大类品饮方式。其中，调饮主要有奶茶、冰红茶、果茶、花草茶和养生茶五类。在国外，袋泡茶的泡法一般被单列为一类研究。

201 清饮红茶有何冲泡技巧？

1. 最宜用圆形瓷壶热壶后再投茶，因为在瓷壶内冲入开水时，茶借水力上下翻腾对流，比用盖碗更易溶出美味，更易散发出芬芳。

2. 投茶量以每人 3 克计算，人数少时要给壶也喂 3 克。

3. 宜用软水（每人 150 毫升），经摇晃增氧后用旺火烧到初沸即冲入。

4. 冲水后闷茶 2~3 分钟即可倒出饮用。若是清饮可以适当多加水，若是准备调饮则应当泡得浓一些。

辨红香

202 | 细节决定成败，冲泡红茶应注意哪些细节？

1. 首先选择一把容积适当的瓷壶并把壶和杯充分预热。

2. 把软水注入容器轻轻摇晃，或用两个容器来回倒腾几次，使水的含氧量增加。

3. "活水还须活火烹"，说明冲茶煮水火要旺。水一烧开即可冲茶，切忌把水烧得太老。冲水时要悬壶高冲，使茶叶在壶内"欢乐狂舞"。

4. 出汤时要出尽，直到控尽"最精华的最后一滴"。

203 | 冲泡红茶如何择水？

大自然已受污染，日常泡茶宜选用太空水、纯净水、蒸馏水、软性矿泉水或合格的自来水。硬水不宜用于泡茶，因为硬水中的矿物质对茶汤品质有不良影响，二价铁超过 0.1mg/kg 会使茶汤发暗，滋味变淡。铝、钙、锰会使茶汤变苦，铅使茶汤发涩，镁使茶味变淡。

204 | 什么是风味红茶？

这在国内教材中尚无定义，国外指加入了香料可以让你体会到一种别样美味的红茶。其中最有名的是伯爵红茶，其名源于19世纪30年代英国首相格雷伯爵二世查尔斯伯爵，是他迷上了外交使团从中国带回的红茶并令英国茶商用独特的配方生产。另外，焦糖红茶、柚子茶等也是常见的风味红茶。

205 | 伯爵红茶如何调制？

用中国红茶为主料（最好用传统工艺生产的，有松烟香桂圆味的正山小种红茶）加入切成丝状的佛手柑（若无佛手柑可用柑橘皮和金盏草代替）用红茶清饮法冲泡，泡出的茶散发着红茶和佛手柑混合后独特的芬芳，极富异国情调。此茶除了清饮，也极适合用于制作冰红茶或风味奶茶。

辨红香

206 | 如何冲泡冰红茶？

冲泡冰红茶有二次处理法和急速冷却法两种泡法，后者较方便。其方法具体如下。

1. 用冰箱自制冰块。

2. 在热瓷壶内投入 15 克红茶。

3. 一次性冲入 500 毫升初沸的开水后闷茶 2~3 分钟。

4. 在耐冷热的玻璃杯内装六分杯冰块，通过滤网冲入茶汤，边搅动边加冰。

5. 在冰茶中加糖汁或蜂蜜。

207 | 花草茶如何冲泡？

花草茶引花香增茶味，花香茶韵相得益彰，不仅好看、好喝，且有益健康。

冲泡花草茶还是对美好生活的自由创作，所以备受青睐。冲泡方法一是把选配的花草放入烫热后的杯中，然后冲入按清饮法冲泡好了的红茶。方法二是把花草和茶一起投入热壶冲泡，然后根据自己的口味或养生的需要决定是清饮还是加糖、加蜜，或调入果酱。冲泡花草茶的关键是选择配料。

点花草

208 | 哪些花草最宜与红茶配伍？

宜茶的花草很多，常用的有玫瑰、紫罗兰、野蔷薇、甘菊、贡菊、胡椒薄荷、荷兰薄荷、柠檬草、桂花、熏衣草、甘草、迷迭香、菩提叶或花、玫瑰茄、柠檬马鞭草、柠檬香蜂草、荨麻等。其保健功能及性、味均可点击百度查询，是否合自己口味则要实践。

209 | 能否举一冲泡花草茶的实例？

以法式薄荷茶为例。法国人认为茶是最温馨、最浪漫、最富有诗意的饮料。

1. 选红茶 8 克，薄荷叶 5 克投入热壶，冲入 500 毫升沸水加盖闷 3 分钟。
2. 用小银匙轻轻逆时针搅动。
3. 可根据个人口味，选择加入牛奶和白糖。
4. 用茶滤斟入杯中饮用。在红茶的调饮过程中你会体验到，生活中多姿多彩的美原来是可以随意创造的。

210 | 如何调制香料茶？

食用香料豆蔻、丁香、肉桂、生姜、胡椒等都有开胃、养胃、健胃、中和等功效。以调制小豆蔻红茶为例：

1. 在锅内注入 300 毫升水，放进十粒捣碎的小豆蔻和 10 克红茶同煎。

2. 水沸后 3 分钟加 500 毫升鲜奶，又烧到将沸时即关火，滤出奶茶，视各人口味加糖。此茶芳香馥郁、生津、养胃、防口臭。

访乌龙

FANG WU LONG

211 | 什么是乌龙茶?

乌龙茶也称为青茶,采青的标准是待新梢抽到顶,出现驻芽后采一芽三至四叶,俗称"开面采"。将采回的茶青经过萎凋、做青、杀青、揉捻、干燥、精制等工序生产的茶通称为乌龙茶。从外形看,乌龙茶属叶茶类,从加工工艺看则属于半发酵茶,它兼有绿茶的鲜灵清纯,红茶的醇厚甘爽及花茶的浓郁馨香,集众美于一身,妙韵天成,令人一啜便刻骨铭心、难以忘怀。

212 乌龙茶如何分类？

分为闽北乌龙（含武夷岩茶、闽北水仙）、闽南乌龙（含安溪铁观音、黄金桂、本山、毛蟹、色种，平和白芽奇兰，诏安八仙，永春佛手等）、广东乌龙（含凤凰单丛、岭头单丛等）台湾乌龙、（含文山包种、冻顶乌龙、东方美人等）。现在乌龙茶产区扩大到许多产茶省，上述分类有待修正。

213 什么是闽北乌龙茶？

闽是福建省的简称。闽北乌龙指福建北部的武夷山市、建瓯市、建阳市、南平市、邵武市等五个市，以及浦城、松溪、政和、顺昌、光泽等五个县生产的乌龙茶，其中，以武夷岩茶最为著名。历史上武夷岩茶以大红袍、水金龟、铁罗汉、白鸡冠等四大名枞名扬海内外，目前大面积种植的有大红袍、肉桂、水仙三大当家品种，另外还有铁罗汉、白鸡冠、水金龟、半天妖、黄观音、金观音、金锁匙、北斗、金牡丹、黄玫瑰、梅占等众多的名枞。

访乌龙

214 | 什么是闽南乌龙茶？

闽南乌龙茶是指产于福建省南部泉州市、厦门市、漳州市的乌龙茶，其中以安溪铁观音最为著名。另外，安溪的黄金桂、本山、毛蟹，永春县的佛手，平和县的白芽奇兰，绍安县的八仙、梅占、桃仁等也属于闽南乌龙，这些茶以各自独特的风味得到不少茶人的喜爱。

215 | 什么是广东乌龙？

产于广东省的乌龙茶称为广东乌龙，主产区有潮州市潮安县和饶平县。潮安县所产的凤凰单枞以丰富的香型而被众多茶人追捧，有"凤凰单枞十八香，香韵双绝"之誉。其中，树龄数百年的"宋种"更是广东乌龙茶中的奇葩。饶平县的岭头单枞和饶平色种也别有韵味。

216 | 什么是台湾乌龙？

即产于台湾省的乌龙茶。台湾茶源于大陆，两岸茶树，同源同根；两岸品茗，一味同心。台湾乌龙茶传承了福建武夷山和安溪两地不同风格的制茶工艺并加以发展。按发酵程度乌龙茶（青茶）可分为：包种轻发酵；乌龙中等发酵；东方美人（膨风茶）重发酵。

217 什么是武夷岩茶？

武夷岩茶是传统名茶，它是指栽培加工于福建省武夷山市行政区范围内，用当地传统工艺生产的乌龙茶。武夷岩茶具有绿茶之清香，红茶之甘醇，是中国乌龙茶中之极品。武夷岩茶属半发酵的青茶，具有"香、清、甘、活"四大特点。

218 武夷岩茶有哪些代表性品种？

清代有四大名枞：大红袍、铁罗汉、水金龟、白鸡冠。现在有三大当家品种：大红袍、肉桂、水仙，以及十大名枞：大红袍、白鸡冠、水金龟、铁罗汉、北斗、半天妖、金锁匙、金桂、白牡丹、白瑞香。因评十大名枞时大红袍尚未通过国家品种鉴定，所以重复。

访乌龙

219 | 何为凤凰单枞？

凤凰单枞是广东乌龙茶的代表性名茶，创制于明末，原产于潮州潮安县凤凰镇。和其他名茶不同，凤凰单枞是用品质各异的优良小乔木型茶树单株采青，单独加工而成，故名单枞。

220 | 凤凰单枞有什么特点？

已知的单枞至少有80多个品系（株系），香型十分丰富，茶界素有"凤凰单枞十八香"之说。"十八香"是形容凤凰单枞香型丰富的一种民间说法。最有代表性的香型有桂花香、米兰香、芝兰香、玉兰香、黄栀香、茉莉香、杏仁香、肉桂香、夜来香、暹朴香等。凤凰单枞分凤凰水仙、凤凰浪菜、凤凰单枞三个品级，讲究"老树出珍品"，最名贵的是"宋种"。"宋种"原本是指用宋代古茶树的茶青加工成的凤凰单枞，但是实际上老树茶也都被当作"宋种"在卖。

221 | 什么是文山包种茶？

文山位于台北县东南方，这里生产的条形乌龙茶具有"香、浓、醇、韵、美"五大特点，驰名中外。这种茶是1810年左右安溪人王义程先生仿照武夷岩茶的生产工艺在文山生产的，因用两张福建方形毛边纸包成四方包，每包四两，外包装上加盖茶行唛头出售，故称文山包种。

222 | 冻顶乌龙有什么特点？

冻顶乌龙创制于清嘉庆年间，由柯朝氏将武夷茶传入台湾，在南投县鹿谷乡得到发展。目前分为传统风味和新口味两种不同的风格，传统风味的发酵度为28%左右，外观墨绿、汤色金黄、滋味甘醇、香气以桂花香或糯米香为上品；新口味的发酵度低，卷曲成球，香气更高，汤色澄明亮丽，富活性，喉韵显。

223 | 冲泡乌龙茶应注意哪些细节？

冲泡乌龙茶主要应当注意以下五个方面。

访乌龙

1. 投茶前要烫杯烧盏，以提高器皿的温度。

2. 茶水比例大体掌握在 1∶20。即每一克茶大约冲入 20 毫升的沸水。

3. 第一泡开汤润茶要用二沸之水悬壶高冲，冲时以 45 度斜角冲向茶杯内壁，使茶随水流在杯内打莲花转。达到醒茶的目的后应尽快把开汤水倾尽，以免浸泡太久造成养分大量流失。

4. 第二泡要大流量低冲水，尽量避免热量散失。

5. 每次冲泡都必须及时出汤（不座杯）并把茶汤控净（不积汤）。座杯或积汤都会造成茶汤苦涩。

224 | 品啜乌龙茶有何要领？

品啜乌龙茶的要领有五点。

1. 乌龙茶一般讲究热饮，民间称之为"喝烧茶"，即"旋冲旋啜"，随泡随喝，茶汤 45℃左右韵味最佳。茶汤凉了之后喝则色香味韵均大为逊色。

2. 乌龙茶的香气馥郁多变，品啜时要注意"三闻"。"三闻"有不同的理解。其一是把茶杯烫热后投茶，闻干茶的香气；开汤后闻水面香；最后闻杯底留香。其二是开汤后先闻香气的纯度，看看是否窜味；第二泡闻茶叶的本香；

其后闻茶香的持久性。另外，还要注重热闻温闻冷闻相结合才能尽得其妙。

3. 要学会啜茶，即把茶汤含在口中用口腔吸气，让气流带动茶汤冲击舌面各部位的味蕾，以便精确地感受茶汤的香气。这道程序乾隆皇帝称之为"细啜慢饮心自省"。

4. 要"徐徐咀嚼而体贴之"。这道程序也称为"含英咀华"，即像是在口中含着一朵小花一样慢慢咀嚼，细细品味。

5. 要用心品茶，做到"释燥平衿，怡情悦性"，实现精神升华。

225 乌龙茶可用白酒泡吗？

可以。以"观音醇"为例，在 500 毫升高度白酒中投入 15~20 克秋观音和适量冰糖，三种配料混合摇动后封存十天便可饮用。这种泡法既消除了酒的燥性，又增添了茶的韵味，茶香酒香相融合酿成"暖香惹梦鸳鸯锦"式的艳香，这种香馥郁而销魂，饮罢"舌本留甘尽日，齿颊隔夜犹香"。

解红袍
JIE HONG PAO

226 什么是母树大红袍？

生长在武夷山九龙窠悬崖上的那六棵茶树统称母树大红袍，实际并非同一品种。以左起第二棵为母本无性繁殖的称为正本大红袍。因大红袍供不应求，1985年，陈德华所长带崇安县茶科所员工用优质岩茶拼配出大红袍风味，创制了商品大红袍。

227 母树大红袍到底有几株？

1969年之前是3株，后来不知何时长出1株，1980年创建九龙窠茶树名枞园，开发大红袍母树旅游景点时，拓展了悬崖半腰上的石砌平台，又补种了 2 株，目前共有 6 株。

228 | 何为正本大红袍？

早在 1941 年，林馥泉在武夷调研茶树品种时就把大红袍分为正副本。1963 年，福建省茶科所谢庆梓到武夷山剪枝育苗，他以当时 3 株大红袍当中的为正本，两边的为副本，各剪枝 10 根带回省茶科繁育。经长期观察对比发现正本的品质优于副本，于是 1985 年，陈德华把从省茶科所引回 5 株正本大红袍加以推广，目前已批量生产。在市场上以正本大红袍的茶青加工的，没有经过拼配的茶也称为纯种大红袍。

229 | 大红袍有收藏价值吗？

有收藏价值。明末进士周亮工在清初写的《闽茶曲》中有诗曰："雨前虽好但嫌新，火功难除莫近唇。藏到深红三倍价，家家卖弄隔年陈。"此诗讲的就是武夷岩茶的收藏价值。武夷山民间有"岩茶头年是茶，三年变药，十年为宝"之说。我国国家博物馆 2007 年 10 月 10 日举行了隆重的收藏母树大红袍的仪式，当时有 40 多家媒体出席。

问观音

230 | 商品铁观音如何分类？

按采制季节可分为春夏暑秋四季，低山茶区还采冬片，以春秋茶为主，其品质有"春水秋香"之说，秋观音香高、味醇、韵显最受欢迎。按加工工艺分，国家有清香型和浓香型两套标准。在此基础上当地有的茶企又将其细分为清香型、浓香型、鲜香型、韵香型、炭焙型。

231 | 何为铁观音？

铁观音既是我国一种茶树良种的名称，又是商品茶的名称。茶树品种铁观音属灌木型、中叶类、迟芽种，原产于安溪，可细分为紫芽观音、白心尾观音、红芽观音等，其中紫芽的品质最佳。商品茶铁观音是乌龙茶类中的佼佼者，创制于清代乾隆年间安溪县西坪尧阳村。目前市场上也有一些厂商用黄金桂、本山、佛手、色种等充当铁观音卖。

232 铁观音是谁创制的？

《安溪县志》中有两种说法。

（1）"魏说"：乾隆年间安溪县西坪乡有一位笃信佛教的老茶农魏荫，他每日早上都以清茶敬奉观音菩萨，日久，菩萨显灵托梦使他找到了神茶，繁育后取名为铁观音。

（2）"王说"：乾隆年间，西坪乡书生王士让在他的书房"南轩"附近发现一株品质极佳的茶，采制后托礼部侍郎方苞献给乾隆皇帝。乾隆品饮后感到这茶清香悠长，茶韵沁心，并且"美如观音重如铁"，于是赐名为铁观音。

233 什么是"正炒铁观音"？

这是安溪民间的说法，即基本按照铁观音的传统制作

问观音

工艺,头天采的青叶萎凋后,第二天中午 11～12 点及时下锅杀青的铁观音。这种铁观音汤味滑、活、厚,花果香浓郁,观音韵明显,回味甘甜,齿颊留香。安溪当地的茶叶专家们多数都推崇这种茶。

234 | 什么是拖补铁观音?

这也是安溪民间的一种说法。即把摇好青的茶青放在空调间,静置至第二天下午以后,甚至第三天清晨才杀青。这种工艺若掌握得恰好,茶有清酸味,所以也称"拖酸铁观音"。这种茶香气高扬,受市场上部分新茶客的喜爱,但是当地多数专家并不提倡。

235 | 什么是清香型铁观音?

国标 GB19598—2004 中把清香型铁观音按感官审评的八因子法(干茶看四因子:条索、色泽、整碎、净度。开汤后看四因子:香气、滋味、汤色、叶底)分为四个等级。按国际规定的加工工艺看,清香型铁观音在毛茶精制时强调轻火烘干,实际生产中做青也较轻。民间也把未经烘焙的铁观音毛茶称为清香型铁观音,这种茶的茶性较寒。

236 | 什么是浓香型铁观音？

浓香型铁观音在国标中也是按八因子法分为四个等级。而民间把按传统工艺加工生产的毛茶在精制时再加烘焙的铁观音称为浓香型铁观音，也称为"熟茶"，这种茶汤水金黄晶亮、香气浓郁纯正持久、滋味醇厚鲜爽、音韵明显。相对清香型而言，浓香型铁观音茶性温和，老茶客比较喜爱。

黄茗泽

237 | 什么是黄茶？

黄茶属于轻微发酵茶，在加工过程中有缺氧闷黄这道独特的工艺程序，其特点是黄汤黄叶。

238 | 黄茶如何分类？

按嫩度黄茶可分为三类：①黄芽茶：单芽或一芽一叶初展，如君山银针、蒙顶黄芽、霍山黄芽。②黄小茶：一芽二叶，如北港毛尖、平阳黄汤。③黄大茶：一芽三至五叶，如广东大叶青。

239 | 黄茶有什么特点？

黄茶是轻微发酵加缺氧"闷黄"生产的茶类，不同品种的黄茶"闷黄"的工艺有所不同，有的杀青后闷黄，有的揉捻后闷黄，有的在干燥过程中闷黄，但都具有黄汤黄叶、香气清悦、滋味醇爽的特点。若以石喻茶，绿茶如水晶般剔透晶莹；红茶如红宝石艳丽媚人；乌龙茶如玉石般气韵生动；黄茶则如田黄石般温润亲人。中医认为，黄茶具有"清六经之火，通七窍之灵"的保健功效。

240 | 黄茶主要有哪些品种？

黄茶分为三类：①黄芽茶（杀青后闷黄，如蒙顶黄芽；揉捻后闷黄，如莫干黄芽；干燥过程中多次闷黄，如君山银针、霍山黄芽）。②黄小茶（杀青后闷黄，如沩山毛尖；揉捻后闷黄，如北港毛尖、温州黄汤）。③黄大茶（干燥过程中闷黄，如皖西黄大茶、广东大叶青）。

黄茶的主要品种有君山银针、蒙顶黄芽、霍山黄芽、温州黄汤、皖西黄大茶等。

黄茗泽

241 | 君山银针应如何冲泡？

宜选玻璃杯，用下投法投入 3 克茶后冲入 95℃以上的开水并立刻盖上玻璃盖。只有这样，热水才能较快浸透厚厚的茸毛，使银针芽尖朝上竖立着悬浮在水面，摇摇如万笔书天。接着，慢慢竖立着沉在杯底如春笋出土。有的茶芽能垂直竖立在水中三浮三沉，十分有趣。待茶芽基本下沉后揭开杯盖，一缕水汽从杯口冉冉升起如白鹭飞升，非常好看。

242 | 什么是白茶？

选用芽叶茸毛细密的茶青经过萎凋、干燥两道工艺制成的茶称为白茶，其特点是不杀青，不揉捻，茶性"功同犀角"，茶味清淡醇爽。

243 | 白茶如何分类？

白茶可分为两类。

（1）白芽茶：完全选用肥壮的芽头加工，如福鼎白毫银针、政和白毫银针。

白玉清

(2) 白叶茶：用一芽二三叶或抽去芽头的嫩叶加工而成，如白牡丹、贡眉、寿眉。

244 | 白茶有何特性？

白茶是我国特产，主产于福建的福鼎、政和、建阳、松溪等县（市），以福鼎大白、政和大白、水仙等茶芽多茸毛的茶树品种加工而成，加工时不炒、不揉、不捻，自然晾干或烘干，成品茶的表面白毫密布，汤色杏黄清亮，香气鲜嫩清雅，滋味醇爽清甜，故有"清茶"之称，中医认为白茶清凉，"功同犀角"，是清热解毒之圣药。另外，白茶产区流传着一种说法为："白茶一年是茶，三年变药，七年成宝。"近几年老白茶倍受推崇。

245 | 白茶主要有哪些品种？

按加工工艺，白茶可分为不炒不揉捻的传统白茶和轻度揉捻的新工艺白茶两类。传统白茶按原料嫩度又可分为白芽茶和白叶茶（白牡丹、贡眉、寿眉、江西仙台大白等）。白芽茶再按干燥工艺分为主产于政和用文火烘干的"西路白毫银针"和主产于福鼎自然摊晾风干的"北路白毫银针"。

白茶的主要品种有白毫银针、白牡丹、贡眉、寿眉以及新工艺白茶等。

246 | 冲泡白毫银针应注意什么？

白毫银针芽壮肥硕，茸毫浓密，色泽银灰，宜用95℃以上沸水开汤冲泡。开汤后茶芽吸水，先是芽尖向上竖立着悬浮在杯中，然后徐徐下沉，下沉时有快有慢，上下交错，蔚为奇观，由于根根茶芽下沉后仍然挺立在水中，茶人们称其为"正直之心"。冲泡约3分钟后，茶汤呈杏黄，毫香嫩爽，滋味醇厚，味甘性寒，有清热、降火、解毒功效。

247 | 冲泡白牡丹应注意什么？

白牡丹外形肥壮，叶片连枝，叶态自然，叶色灰绿，内藏银白芽心，俗称"抱心仙子"。沸水开汤后绿叶映衬绿芽，宛如蓓蕾初绽，纤娇秀美，汤色杏黄明亮，毫香鲜嫩持久，滋味清醇微甜，叶底的叶脉微红，有"红妆素裹"之美誉，但是白牡丹和白毫银针一样，要泡3分钟之后才能品到真香全味。若是陈年老白茶的话冲泡后还宜煮饮。

白玉清

248 | 安吉白茶属于白茶类吗?

安吉白茶是用绿茶工艺加工而成,故属绿茶类,称其白茶是因为这种茶树基因突变后早春的嫩芽嫩叶呈白色。

249 | 安吉白茶有何特点?

安吉白茶的特点是茶氨酸的含量比普通绿茶高 2~3 倍。茶氨酸口感微甜鲜爽,有帮助人体脂肪代谢、排毒养颜、抗辐射等功效,常饮可美容养颜,因此深受女性茶人喜爱。

品乌茗

PIN WU MING

250 | 什么是黑茶？

黑茶属于后发酵茶，通常是经过杀青、初揉、渥堆、复揉、干燥等工艺，让益生菌在适合的温湿度下在茶堆中大量繁殖后而加工成的茶（熟普洱茶例外）。

经过杀青、揉捻、渥堆发酵、干燥等工艺程序生产的茶，因成品茶色泽呈油黑色或黑褐色，故名黑茶。过去，黑茶主要供给边疆少数民族饮用，故也称为边销茶。黑茶按产地可分为云南普洱熟茶、湖南黑茶、湖北老青茶、广西六堡茶、四川边茶、陕西泾阳茯砖等。

品乌茗

251 | 黑茶如何分类？

目前的教材中黑茶按主产区分为：

1. 湖南黑茶（包括三砖、三尖、一卷：茯砖、黑砖、花砖；天尖、贡尖、生尖；千两茶）。

2. 广西六堡茶。

3. 湖北老青茶。

4. 陕西泾阳茯砖。

5. 四川边茶（含南路边茶、西路边茶）。

6. 云南普洱茶。

目前，茶学界对这种分类争议较大，一些学者主张普洱茶宜单列为一类。

252 | 广西六堡茶有何特点？

六堡茶是创制于嘉庆年间的历史名茶，属黑茶类，原产于广西苍梧六堡乡，现列入《国家地理标志保护产品》，有20多个县出产。六堡茶采一芽二三叶，经摊晾、杀青、揉捻、渥堆、复揉、干燥、陈化等工序制成，品质特点为"红、浓、醇、陈"，有独特的槟榔香，滑润可口，深受欢迎。

253 | 湖南黑茶有什么特点？

湖南黑茶主要产于益阳市，安化地区的最为出名。其基本工艺是杀青、揉捻、渥堆发酵、复揉、干燥。因为在渥堆发酵过程中温湿度较高，适宜微生物大量繁殖，促使多酚类氧化和大分子降解，使得黑茶成品呈油黑色或黑褐色，汤色橙黄带红或呈琥珀红，陈香醇正，陈韵柔和，口感顺滑，既宜清饮，又宜调饮，既宜泡饮，又宜煮饮。

254 | 近来茯砖茶为什么受热捧？

茯砖古茶，秦人始创，大约在1860年创制于陕西泾阳县，世称"金花茂盛，菌香宜人，甘醇浓厚，顺滑绵长"。后湖南安化白沙溪茶厂学习泾阳的工艺，经过反复试验于1951年在安化试制成功，并大量生产。现经国家教育部茶学重点实验室、湖南农业大学、清华大学中药现代研究中心等单位认定，茯茶对降脂、降压、降糖、降尿酸等现代富贵病有良好的防治效果，故受热捧。

255 | 何谓千两茶？

此茶产于益阳、安化，前身称花卷茶，由陕西茶商创制于清道光年间，后晋商在此基础上选购高家溪和马家溪优质黑茶为原料，用棕片、竹篾捆压成长1.66米，圆周长0.56米，每丈老秤净重一千两的圆柱体，故称千两茶。1958年，安化白沙溪茶厂适应市场的需要，在千两茶的基础上成功研制了长方形的"花砖"，此茶香纯味正汤色黄亮，1988年获全国首届食博会银奖。近几年又创新生产出了规格多种多样的此类茶。

256 | 湖南黑茶三尖有何区别？

"三尖"是湘尖一号、湘尖二号、湘尖三号的总称，历史上称为天尖、贡尖、生尖，清道光年间，天尖和贡尖曾列入贡品。天尖以黑毛茶一级为主，色泽乌黑油润，香气纯正，滋味纯厚，汤色红黄明亮，叶底匀齐尚嫩。贡尖以二级毛茶为主，色泽乌润，香气纯正微带焦香，滋味醇和，色泽橙黄。生尖以三级毛茶为原料，色泽黑褐，香气平淡，滋味微涩，叶底粗老。

257 | 安化黑茶中何为"高马二溪茶""六洞茶"？

高马二溪茶是指产于田庄乡的高家溪、马家溪的优质高山茶。六洞茶是指产于江南镇火烧洞、条（跳）鱼洞、田庄乡漂水洞、檀香洞、东坪镇深水洞、仙缸洞等六处的茶，这些茶和云台山茶、芙蓉山茶并称为"道地茶"，是安化优质茶的代表。

258 | 决定黑茶品质的主要因素有哪些？

原料是基础，工艺是关键，存放是升华，冲泡添魅力。优质黑茶要求选用适制的茶树品种为原料。各种黑茶有不同的关键工艺，如茯砖的发花、六堡茶复制的冷发酵、安化黑茶的松柴明火干燥等。另外，科学储存及艺术地泡好茶、讲好茶也应高度重视。

259 | 四川边茶分哪几类？

历史上分两类。清乾隆年间规定雅安、天全、荥经等地的边茶专销康藏称南路边茶，其原料较粗老，可手采也可刀割当年成熟新梢枝叶。灌县、崇庆、大邑等地所产边茶专销川西北，称西路边茶，其原料比南路边茶更粗老。目前，四川倡导"边茶精制，藏茶汉饮"，所以产品的质量不断提升，产品的规格不断多元化，品饮的方法不断精细化、情趣化。

品乌茗

260 | 冲泡黑茶应注意什么？

黑茶在渥堆发酵和长期存放的漫长过程中，谁也无法保证有害菌类或螨虫等小生物不会在茶中繁殖，所以泡茶前要仔细观察并用心闻，有霉味异味和严重霉斑的茶不能喝。开汤时要用沸水烫透，洗1至2遍茶后再正式冲泡。"留根泡法"或"不留根泡法"可任选。"留根泡法"是指每一次冲泡时茶汤不出尽，有意留一些给下一泡，这样每一泡泡出的茶汤容易做到浓淡均匀。"不留根泡法"即每一泡茶的茶汤都出干净，这样有利于品味每一泡茶汤香气、滋味、水性的变化。另外，黑茶宜于煮饮、调饮。

261 | 品饮黑茶有何讲究？

黑茶积淀了时间的分量，凝聚了沧桑的变幻，茶汤中凝聚着一种神秘的气息和玄妙的滋味，是一份幽冥的灵感，是一本启迪心灵的经书，是一曲怡情快意的乐章，它的茶性通过色、香、味、韵、气等五个方面表现出来，我们只有用心欣赏这五个方面，才能品出它千娇百媚中蕴含的无限禅意。

262 | 品黑茶如何鉴赏汤色？

黑茶的汤色有淡黄、杏黄、橙黄、黄里透红、红色（含黑红、暗红、褐红、栗红透亮、金黄红亮、深红明亮的玛瑙红、艳红晶亮的宝石红等）。鉴赏汤色宜选用晶莹剔透的水晶杯，斟入 2/3 杯茶汤后举杯齐眉，朝向光源，杯口内倾 45°，这样可最精确地观察醉人的汤色。

263 | 如何鉴赏黑茶之香？

黑茶幽香可通灵，深蕴禅意能涤心。但是，黑茶的香气淡雅柔和，闻杯底留香时宜选用肚大口小的瓷杯或水晶杯。不选用玻璃杯，是因为玻璃不挂香，而瓷质材料和水晶材料挂香的性能好。杯子肚大口小聚香性能好，有利于鉴赏香气。闻汤面香时可在杯中斟入茶汤后乘热提动促使香气散发，使香气更饱满。优质黑茶之香纯正细腻、优雅协调、留香持久，具有品种特色。

雅事谈

雅事
谈
YA SHI TAN

264 | 何为茶韵？

韵是中国古典美学的一个重要概念，原指音律和谐，后被引申为一切令人心灵畅适而又只可意会，无法言传的美感。如果说茶的色香味是物质的，可以用感官体验，那么韵是精神的，只能在"五官并用，六根共识"的基础上用心灵去感悟。武夷岩茶的"岩韵"、铁观音的"音韵"、龙井茶的"山韵"、凤凰单枞的"枞韵"、台湾乌龙茶的"喉韵"等尽皆如此。

265 | 如何鉴赏茶味？

茶味是人通过味蕾对茶汤的综合感受。鉴赏茶味要掌握两种方法。其一，由于味蕾在舌面分布不均衡，因此品第一口茶时应把茶汤含在口中，间歇式吸气，使气流带动茶汤冲击舌面各部位的味蕾，以便精细地感受茶味。其二，要"含英咀华"，即把茶汤像花一样含在口中慢慢咀嚼，使唾液中的酶与茶汤中的化学物质发生反应，以便体验茶汤的醇厚柔顺爽滑。

266 | 如何理解茶气？

"道、气、象"是老子美学体系的核心，故鉴赏茶应注重欣赏"气"。好茶有香气、生气、霸气、太和之气这四气。香气是茶的灵魂，能令人动心；生气来自大自然，是茶生机活力的表现，令人振奋；霸气是品茶时感到有股热力直达丹田，令人五体通泰；太和之气是优质黑茶的独特标志，它绵绵不绝、柔顺无比、若有若无、令人禅悦，体验到茶的"太和之气"能使人达到至美天乐的境界。

雅事谈

267 待客型茶艺有何特点?

待客型茶艺也称生活型茶艺,它把泡茶这样的生活琐事升华为健康、诗意、时尚的生活艺术。生活型茶艺强调"道法自然",最忌讳夸张造作,这种茶艺包含各种茶的日常泡法:工夫泡法、简易泡法,以及奶茶、冰茶、花果茶、茶酒等的调制方法,该茶艺所泡之茶既可以独品得神,也可以用来待客。待客时宾主亲如一家,主人边泡边讲,客人积极参与,气氛融洽而有趣。

268 举一例待客型绿茶茶艺

以贵州凤冈翠芽为例,这套茶艺共十道程序,稍加改变后即可适用于各种绿茶。其基本程序为:

1. "目品"——初展仙姿。
2. "烫杯"——洗净凡尘。
3. "投茶"——花落空谷。
4. "润茶"——贵妃沐浴。
5. "鼻品"——喜闻天香。
6. "冲水"——空山鸣泉。

7. "奉茶"——麻姑献寿。

8. "赏茶"——细探芳容。

9. "口品"——甘露涤心。

10. "谢茶"——相约再见。

具体的解说词可根据茶产区的传说和茶性特点创编。

269 举一例待客型红茶茶艺

《祝福茶》即是经典的待客型茶艺，这道茶是用红茶泡糖桂花和小金橘而成。因为我国民间有"桂花开放幸福来"的说法，即桂花代表着幸福，小金橘的"橘"与"吉"谐音，代表吉祥如意，所以这道茶名为祝福茶。祝福茶的冲泡方法很简单，只有四道程序：

1. 泡茶——玉壶春潮连海平。

2. 投料——丹桂金橘报福音。

3. 冲茶——红雨随心翻作浪。

4. 分茶——一点一滴总关情。

茶冲泡好后用茶勺舀到各个三才杯中，请客人随意拿一杯，拿到茶后请客人一边品茶一边数自己的杯中有几粒小金橘。无论客人有几粒小金橘都会得到主人一句祝福吉言：一粒金橘代表一生平安、两粒双喜临门、三粒三星高

雅事谈

照、四粒事事如意，五粒五福齐享，六粒六六大顺，七粒七耀当头（即金、木、水、火、土五颗星星加上日月，前程一片光明），八粒逢八大发，九粒鸿运长久，十粒十全十美。万一有的客人一粒金橘都没有，没有即"无"，主人会祝福他（她）"无限美好"。《祝福茶》是一道非常有情趣的甜茶，它能让客人留下甜蜜的回忆，带走主人真诚的祝福，所以深受欢迎。

270 举一例待客型白茶茶艺

我用历史上非常著名的八位诗人（李白、江总、王维、孟浩然、欧阳修、谢灵运、释皎然、王梵志）的八句诗句组合成了一套白茶茶艺：

1. "焚香"——天香生虚空（唐代：李白）
2. "鉴茶"——万有一何小（南朝：江总）
3. "涤器"——空山新雨后（唐代：王维）
4. "投茶"——花落知多少（唐代：孟浩然）
5. "冲水"——泉声满空谷（宋代：欧阳修）
6. "赏茶"——池塘生春草（东晋：谢灵运）
7. "闻香"——谁解助茶香（唐代：释皎然）
8. "品茶"——努力自研考（唐代：王梵志）

271 | 佛家养生茶艺基本程序举例

例如禅茶就是比较经典的佛家养生茶艺,其基本程序如下:

1. 焚香礼佛;
2. 达摩面壁;
3. 丹霞烧佛;
4. 法海听潮;
5. 香汤浴佛;
6. 法轮常转;
7. 佛祖拈花;
8. 菩萨入狱;
9. 漫天法雨;
10. 万流归宗;
11. 涵盖乾坤;
12. 偃溪水声;
13. 普度众生;
14. 止语调息;
15. 曹溪观水;
16. 随波逐浪;
17. 圆通妙觉;
18. 再吃茶去。

272 | 佛家养生茶艺解说词

(1) 礼佛:焚香礼佛

请听,这庄严平和的佛乐声,像一只温柔的手,她会把我们的心牵引到祥和空灵的境界。焚香合掌是僧家表示礼敬的一种方式。合掌后心中默念:愿此香华云,直达诸

雅事谈

佛所。恳请大慈悲，施与众生乐。

（2）调息：达摩面壁

"达摩面壁"是禅宗初祖菩提达摩在嵩山少林寺面壁坐禅的典故。他不说话，不持律，只在明心见性上下功夫，面壁九年，最终破壁。"面壁"后来成了佛教用语，意为"内守自性，反观本明"。这道程序是通过调息，进一步为品茗营造心神安泰的气氛。

（3）煮水：丹霞烧佛

丹霞烧佛典出于《祖堂集》。据记载，丹霞天然禅师于惠林寺遇到天寒，便将佛像劈了烧火取暖。寺主劝阻他，他说："我焚佛尸寻求舍利子。"寻主说："佛像是木头的，哪有什么舍利子。"禅师说："既然是这样，我烧的是木头，为什么还责怪我呢？"于是寺主无言以对。

"丹霞烧佛"时要注意凝神观察火相，从燃烧的火焰中去感悟人生的短促以及生命的辉煌。

（4）候汤：法海听潮

佛教认为"一粒粟中藏世界，半升铛内煮山川"。从小中可以见大。煮水候汤时，从水初沸声到鼎沸声的微妙变化中，我们可能会有"法海潮音，随机普应"的感悟。

（5）烫壶：香汤浴佛

四月初八是佛祖诞辰，在佛诞日要举行"浴佛法会"，僧侣及信徒们要用香汤沐浴太子像。我们用开水烫洗茶壶称之为"香汤浴佛",表示佛无处不在,亦表明"即心即佛"。

(6) 洗杯:法轮常转

法轮喻指佛法,佛陀说法称之为"转法轮"。佛法就在日常平凡的生活琐事之中。洗杯时眼前转的是杯子,心中动的是佛法;洗杯的目的是使茶杯洁净无尘,礼佛修身的目的是使心中洁净无尘。在洗杯时或许会因杯转而心动悟道。

(7) 赏茶:佛祖拈花

佛祖拈花微笑典出于《五灯会元》。据载:"世尊在灵山法会上拈花示众,是时众皆默然,惟迦叶尊者破颜微笑。"我们借助"佛祖拈花"这道程序,向客人展示茶叶,不知各位看到了什么?想到了什么?破颜微笑了吗?

(8) 投茶:菩萨入狱

地藏王是佛教四大菩萨之一,为了救度众生,他发愿:"我不下地狱,谁下地狱?""地狱不空,誓不成佛!"投茶入壶正如菩萨入狱,赴汤蹈火;泡出的茶水可振万民精神,正如菩萨救度一切众生。这正是茶道的精神。

(9) 冲水:漫天法雨

佛法无边,润泽众生。泡茶时,冲水恰如漫天法雨普降人间,使人"醍醐灌顶",由迷达悟。

雅事谈

(10) 醒茶：万流归宗

五台山金阁寺有一副对联：

> 一尘不染清净地，
> 万善同归般若门。

茶本洁净仍然要洗，追求的是一尘不染。洗茶的水终要入海，这是万流归宗。

(11) 泡茶：涵盖乾坤

涵盖乾坤原意为世间万事万物"泯合无间"，在这里亦可理解为"人茶合一"，泡茶时专心致志，绝无杂念，这样就能感悟到在小小的茶壶中也蕴藏着博大精深的佛理和禅机。

(12) 分茶：偃溪水声

"偃溪水声"典出于《景德传灯录》。据载，有人问师备禅师："学人初入禅林，请大师指点门径。"师备禅师说："你听到偃溪流水声了吗？"来人："听到。"师备便告诉他："这就是你悟道的入门途径。"斟茶时的水声亦如偃溪水声，可启人心智，警醒心性，助人悟道。

(13) 敬茶：普度众生

禅宗六祖慧能有偈云："佛法在世间，不离世间觉，离世求菩提，恰似觅兔角。"菩萨的全称为菩提萨埵，菩提是觉悟，萨埵是有情。菩萨上求大悟大觉——成佛；下求大慈大悲——普度众生。习茶亦当如此。

(14) 闻香：止语调息

这道程序是闻香。在完成了以上泡茶程序后，可能已心浮气躁，这时应当静下心来闻香品茗。闻香时请做腹式深呼吸，尽量多吸入茶香，并使茶香直达颅门，反复数次有益于健康。

(15) 观色：曹溪观水

曹溪是地名，六祖慧能曾住持曹溪宝林寺。"曹溪水"喻指禅机佛法，我们把观赏茶汤色泽称之为"曹溪观水"，暗喻要从禅宗的角度去理解"色不异空，空不异色。色即是空，空即是色"。同时也提示："曹溪一滴，源远流长。"

(16) 品茶：随波逐浪

"随波逐浪"是云门宗教引学人的一个原则，即随缘接物，应病与药。品茶也是这样，随缘接物，自由自在地品茶，才能心性闲适，旷达洒脱，才能从茶水中品悟出禅机佛理。

(17) 回味：圆通妙觉

圆通妙觉即大悟大彻。品了茶后，对前几道程序再细细回味，便会"有感即通，千杯茶映千杯月；圆通妙觉，万里云托万里天。"通过回味，我们能体悟到佛法佛理就在日常最平凡的生活琐事之中。

(18) 谢茶：再吃茶去

饮罢了茶要谢茶，谢茶是为了相约再品茶，"茶禅一

雅事谈

味"嘛！茶要常饮，禅要长参，性要长养。前中国佛教协会会长赵朴初先生讲得最好："七碗受至味，一壶得真趣，空持百千偈，不如吃茶去！"走！茶友们，让我们相约，再吃茶去。

273 | 道家养生茶艺基本程序举例

武夷山是道教名山，武夷留春茶茶艺就是很好的道家养生茶艺。其基本程序如下：

1. 静心——抱元守一；　　2. 候汤——鸣击天鼓；
3. 涤器——烫杯温鼎；　　4. 投茶——瑞草入瓯；
5. 摇茶——灵丹受热；　　6. 干闻——抱月升空；
7. 开汤——倾注玉液；　　8. 刮沫——风吹浮云；
9. 洗茶——雨润仙草；　　10. 烫杯——仙子沐淋；
11. 二冲——重洗仙颜；　　12. 闷茶——乾坤交泰；
13. 闻香——餐霞服气；　　14. 斟茶——玉池水涨；
15. 赏色——春意无边；　　16. 品茶——涤心洗髓；
17. 回味——金液还丹；　　18. 谢茶——归根复命。

274 | 道家养生茶艺解说词举例

（1）第一道程序："抱元守一"

抱元守一是道教静心养气之法，也称为"抱元神，守真一"。《百字碑》载有吕洞宾的口诀："缄舌静，抱神定。"这是品茶前的入静。按照上一章"调身"的方法坐稳后，用舌尖轻抵上腭，接通任督两脉，然后息心宁神，意守丹田，做到抱元则气不散，守一则神不出，从而气定神闲地开始泡茶。

（2）第二道程序："鸣击天鼓"

把泉水倒入壶中煮沸，等候水开的过程称之为"候汤"。在候汤时双掌用力相互摩擦，发热后用双掌横向分别按双耳，掌根向前，五指向后。以食、中、无名指叩击枕部3下后，双手掌骤离耳部为1次。如此重复10~12次，称为"鸣击天鼓"。此法有激活神经、保护大脑、调节全身功能的作用。用手心按摩耳廓，可调节内分泌；反复震荡两耳鼓膜，能增强听力；弹震后脑壳，能安神益脑、增强记忆，预防耳聋、头痛及老年痴呆症。

鸣击天鼓后，可放松地向顺时针、逆时针方向转头各9次，转头时尽量伸长脖子。

(3) 第三道程序:"烫杯温鼎"

道家无论修炼内丹还是外丹,都把炼器称为鼎。这道程序即烫洗三才杯。三才杯烫得越热,泡的茶效果越好。

(4) 第四道程序:"瑞草入瓯"

瑞草即仙草,古人把茶称为"瑞草魁"。把茶叶从茶荷中拨入到三才杯称为瑞草入瓯。

(5) 第五道程序:"灵丹受热"

盖上杯盖后,用右手持杯,在肩上方用力摇动6~9次,使热杯中的干茶均匀升温,以利于香气的散发。

(6) 第六道程序:"抱月升空"

双手把茶杯捧抱在胸前,低头闻茶香并深深吸入香气,边吸气边慢慢抬头挺胸,双手把茶杯托升到眉心。呼气时再放下到胸前,如此3次。呼吸时要尽可能深沉,多吸入茶香,并在心中念念有词:我吸入的是茶的芬芳,呼出的是体内的浊气;我吸入的是春天的气息,呼出的是体内的陈气;我吸入的是天地的灵气,呼出的是体内的俗气。每次呼吸后都要吞咽下一口津液,这样可合肾气、养元气、长真气,久而久之必使人气色润美、肌肤光泽。

(7) 第七道程序:"倾注玉液"

即开汤泡茶。

(8) 第八道程序:"风吹浮云"

即用杯盖轻轻刮去冲水时泛在杯面的白色泡沫。"文武之道,一张一弛"。第六、七两道程序都要用力,这一道程序则一定要轻松舒缓、从容不迫。

(9) 第九道程序:"雨润仙草"

即洗茶。洗茶的动作要轻灵而快捷。冲入开水刮沫后,盖上杯盖,轻轻摇动三下可用头泡茶水烫洗公道杯和品茗杯,切忌浸泡太久,以免导致茶中营养物质大量流失。

(10) 第十道程序:"仙子沐淋"

即用头泡的茶水来烫洗公道杯和品茗杯。

(11) 第十一道程序:"重洗鲜颜"

即第二次冲入开水。

(12) 第十二道程序:"乾坤交泰"

即盖杯闷茶。茶人把盖杯称为"三才杯",杯盖为天,杯托为地,当中的茶杯代表人。天即乾,地即坤,盖上杯盖后称为乾坤交泰,冲泡乌龙茶必须加盖后闷1分钟左右,这样才能化育出茶的精华。

(13) 第十三道程序:"餐霞服气"

即开杯闻香。闻香时应将杯盖后沿下压,使前沿翘起,天地人三才不可分离。从杯盖与杯身的缝隙中,水蒸汽带着茶香氤氲上升,如云霞升腾。这一次闻香不仅可用鼻子深闻,而且可大口大口地吸入蒸汽和茶香。心念中想像自己是一位仙人,正坐在高山上,迎着朝阳练功,自在地餐霞服气，以天地间精纯的真气来调养自身元气，达到练气合神，练神还虚，长生久视。

（14）第十四道程序："玉池水涨"

即向品茗杯中斟茶，并把多余的茶汤倾入公道杯备用，同时咽下口中的津液。在"餐霞服气"时，茶香会使人满口生津，道家养生理论认为，这是因为闻香调息时肾气与心气相合，故太极生液。这口中的甘津中有真气，真气中有真水，吞咽而下名曰交媾龙虎，经常吞服津液可以滋养真元，延年益寿。吕洞宾在《秘传正阳真人灵宝毕法》中授有口诀："一气初回元运，真阳欲到离宫。提取真龙真虎，玉池春水溶溶。"所以这道程序被称为"玉池水涨"。

（15）第十五道程序："春色无边"

在餐霞服气和玉池水涨这两道要刻意调息的程序后，再完全放松一下自己。通过把玩茶杯，鉴赏汤色，看杯中茶汤的霞光虹影，信马由缰，让思绪飞扬，进一步达到心闲意适，以利于品出茶的真味。

（16）第十六道程序"涤心洗髓"

即品茶。道家品茶不是为了解渴，也不是为了娱乐，而是为了修身养性。品茶既可澡雪心灵，又可以涤净体内新陈代谢所产生的污物，所以称之为"涤心洗髓"。

（17）第十七道程序："金液还丹"

这道程序是巩固并强加品茶的功效。品过茶后口有余甘、齿有余香、舌下生津、神清气爽。这时仍静坐不动，低头曲项，以舌尖抵上腭，自有清甘之液源源而生，味若甘泉，上彻顶门，下通百脉，鼻中自会闻到一种真香，舌端亦生一股奇味，口中之津不漱而咽，下还丹田，道家名曰"金液还丹"。吕洞宾有诀曰："识取五行根蒂，方知春夏秋冬，时饮琼浆数盏，醉归月殿遨游。"口诀的大意是养生须知五行相生相克之理，做到四时有序。琼浆即口中甘津，月殿即丹田。"数盏"及"醉归"均为多吞咽之意。这套茶艺按照道教以液养气，以气养神，以神养精的原理，达到精、气、神俱旺，可延缓衰老，使人青春常驻，故名为《留春茶》。

(18) 第十八道程序："归根复命"

道家品茶无拘无束，随意随量，兴尽而止，止曰归根。归根复命，即在品了几道茶，觉得尽兴后清洗茶具。

275 茶艺应当如何创新？

所有艺术的生命都在于与时俱进，不断创新，茶艺自然也不例外。茶艺要想从古老的传统艺术发展为当代群众乐于追捧的健康、诗意、时尚的生活方式，就必须在传承历史的同时注重东西方文化相融合，注重传统文化与时尚元素相融合，做到"古为今用，洋为中用"，努力实现六个创新：观念创新、功能创新、器具创新、品饮方式创新、意境营造创新、茶艺内容创新。

276 | 什么是观念创新？

观念创新是茶艺创新的思想基础和源动力。其根本是把我们的思想从习惯性回溯式纵向思维方式中解放出来，不仅要注重传承历史，挖掘历史遗产和民间茶俗，扎扎实实研究茶应当怎么喝，更要注重引入现代科技，大胆融入西方文化和时尚元素，研究茶还能怎么喝。茶艺观念的创新有两个重要标志：

1. 茶艺概念本身的创新，认识到学习茶艺不仅仅是学习泡茶品茶的技巧，更是学习以茶为媒介的健康、诗意、时尚的生活新方式。

2. 对茶艺观念认识的深化，认识到我们修习茶艺最终要像习近平主席指出的那样：用智慧使喝茶成为一种生活方式、一种享受、一种境界，成为"品味生命，解读世界"的方式。

277 | 什么是茶艺功能创新？

茶艺功能创新是指茶艺不仅要有传播传统文化的功能，还应当具有培育茶叶市场，引导茶叶消费，促进茶叶营销的功能；不仅具有社交、休闲的功能；还应具有以艺载道，修身养性，延年益寿的功能。优秀的茶艺应当能让人从一杯茶中品味出中华民族厚重的历史文化积淀，品味出多姿多彩的民族风情，品味出当代中国茶人海纳百川的包容之心和与时俱进的创新精神；优秀的茶艺还应当能引领健康、诗意时尚的生活新方式，并且让外国朋友了解中国人对和平及美好生活的不懈追求。

278 | 何为茶具创新？

自古以来，茶具的不断创新就推动着茶产业和茶文化的发展。唐代陆羽创二十四器，于是茶道大行；宋代创兔毫盏，促进了斗茶的兴盛；明代文人雅士达官显贵对紫砂壶的推崇促进了瀹茶法的普及。但是如今各地区无论泡什么茶都借助于工夫茶茶具，没有根据不同茶类的茶性去设计，也没有根据不同民族、不同学养、不同阶层人的喜好

雅事谈

去创新。茶具的创新应当形成两大流派：一是简洁、美观、方便，适合快节奏的生活；二是艺术、时尚、名贵能与高档家具配套，使茶具成为美化家居，表现主人品位的生活之瑰宝。

279 | 品饮方式如何创新？

品茶的方式从鲜叶咀嚼到鲜食羹饮，再到唐煮、宋点、明瀹，直至现代都在不断创新。今后创新的重点是：从单恋清饮向清饮调饮并举转变；从倡导热饮向热饮冷饮并重转变；从传统喝法向融入时尚元素，融合东西方文化转变；从茶是茶餐是餐，向品茶与餐饮有机结合转变；从注重"得味"向追求"得韵""得道"，追求强身健体、延年益寿转变。

280 | 品饮环境如何创新？

主要指室内品茗环境装修不拘泥于复古，而是根据当代人的审美观和自己所喜好的茶类特色，融入时尚元素做到温馨、简洁、舒适、高雅。特别要注意灯光、音响、家具、茶具、字画的配置，并结合自己的宗教信仰，把茶室装修成修身养性的道场，可以歇息心灵的港湾，可以自由放飞心性的芳草如茵的牧场。

281 | 茶道养生方法如何创新？

茶道养生包括以茶养身和以道养心两部分。以茶养身的创新主要是以茶为媒介，把我国的传统养生方法与现代医学相结合，做到四个加强。

1. 加强保健复方茶、花草茶的研发。

2. 加强茶道修习与佛教五调法、八段锦、道教太极气功导引等结合的探索。

3. 加强茶疗与芳香疗法、音乐疗法、茶浴药浴疗法，以及插花、香道、瑜伽、食疗等结合，推广令人身心愉悦的健康生活方式。

4. 加强以道养心的理论研究和心理辅导。

282 | 茶艺演示前应做哪些准备？

最重要的是使自己身心放松，使心灵空明虚静。此外，应使品茗环境的空气清新，光线柔和，音乐与茶会主题吻合。在此基础上，根据茶艺的主题有选择地做好茶席布置，

雅事谈

包括茶具选配、茶台铺垫、插花、焚香、挂画等工作。

283 | 茶席应如何布置？

茶席包括泡茶的操作台和客人坐席，以及活动空间，即以茶台为中心的品茗环境。茶席的布置应突出两点：

1. 为品茗营造一个简洁、诗意、温馨、舒适的良好环境。

2. 围绕彰显茶艺的主题做好渲染和铺垫。主要包括茶具的选配，灯光照明、音乐选择、色彩的搭配及家具风格、辅助艺术等的适配。

284 | 茶席照明有何讲究？

光线是人的视觉对空间、色调、质感、造型等进行审美观照的前提，也是营造与茶艺主题相适应的气氛、调节人的心情、提升茶室艺术格调的必要条件，所以应当巧妙地应用直接照明、间接照明、漫射照明，以及配好灯具，调控好色彩，为品茗营造魅力无穷的温馨而梦幻的氛围。在茶室灯光配置时，最好能选配三元色的 LED 灯带，并且各色的灯带都应有独立的开关，因为根据光学三元色的原理我们可以调配出赤、橙、黄、绿、青、蓝、紫等各种色彩,满足季节变化的需要和茶艺主题所要表达的情感的需要。

285 茶席灯光配置要注意哪些细节?

应注意应用混合照明技巧,既配置一般照明以满足茶室对光线的基本需要,又配置局部照明,通过屋顶灯、射灯、壁灯、台灯、隐形灯、展示柜灯等来创造虚拟空间,突出重点部位。同时,要注意用灯光营造宁静、舒缓、温馨、神秘的品茗氛围。例如,应用 LED 灯根据需要控制不同的开关,可随意变幻出热情的红色、温馨的橙色、高贵的紫色、生命的绿色、梦幻的蓝色——再配合以壁灯、台灯、射灯、顶灯,即可根据茶艺主题变幻出冷暖不同的色调,并应用光晕光影渲染烘托出品茗气氛。

286 在茶席布置时音乐起什么作用?

音乐是生命的律动,是牵引人们走进茶艺艺境的温柔的手,也是茶艺师演示茶艺时看不见的指挥。其作用主要有:

雅事谈

1. 营造艺境。
2. 陶冶性情，用音乐疗法、芳香疗法配合茶艺，使人在陶醉于美感中增进身心健康。
3. 彰显茶艺主题，增进茶艺的艺术感染力。

287 | 布置茶席应如何选择音乐？

如果是作为背景音乐，以慢节拍、舒缓、轻柔的乐曲为主，并把音量调小，像是从云端传来的天籁，给人仙乐飘飘、如入梦境的感觉。如果是茶艺表演的主题音乐，则应当根据茶艺所反映的时代、民族、地域、宗教信仰及内容来选择。选择什么乐器伴奏也是很重要的细节。表演内蒙古奶茶最宜选择马头琴，表演傣族竹筒茶最宜选择葫芦丝、巴乌，表演汉族古典茶艺则可以根据内容选择古琴或古筝、箫、二胡等。

288 | 茶席适宜插花吗？

对于茶席是否适宜插花，古人颇有争议。宋代名相王安石认为，品茗不宜插花。明代田艺蘅在《煮泉小品》中明确提出：花不宜茶，因为花太艳、太喧、太闹，与茶性清雅幽静不合。但多数人认为花宜茶，因为花集色、香、美、媚于一体，有无限生机活力。花之媚与茶之韵结合能令人心情怡悦，并且花香茶韵相得益彰，能为品茗增添乐趣。

289 | 茶艺插花应注意什么？

首重"立意取材，意在花先"。立意是指在插花之前根据茶艺主题、季节、客人身份进行艺术构思。古人讲"意奇则奇，意高则高，意远则远"，若无巧妙的立意，插花便只是万紫千红的堆砌。立意重在真、新、高、洁，即感情真挚、构思新颖、境界高远、造型简洁。

290 | 茶艺插花立意应注意哪些原则？

1. 要彰显茶艺主题，紧扣主题去构思。
2. 要对客人的国籍、性别、宗教信仰、身份地位有所了解，要投其所好，切不可犯忌。例如用他生日的季节花，用他所在地的市花，用他星座的幸运花等。
3. 要借助花候反映时令特点或渲染节庆气氛。
4. 要懂得花语，让花说话，以花传情。

雅事谈

291 | 茶艺插花应注意哪些细节？

茶艺插花至少应当注意四个细节：

1. 非真不取是前提。即茶艺插花必须用鲜花真叶，不可用假花。

2. 道法自然是根本。即疏密得当，造型自然，如东坡之文随意断续而意连，太白之诗不拘平仄而有韵。

3. 简素高雅见境界。即茶艺插花要牢记"梅花一字师"的典故，不以繁花似锦取胜，以清水出芙蓉为美。

4. 静中有动见功力，即插出飘逸灵动之美。

292 | 焚香有哪些好处？

"香"字从"禾"从"日"，最原始的解释是太阳晒在禾苗上发出成熟谷物令人垂涎的气味就是香气。香气是人类进化为万物之灵之后用自己的灵性选择的能令人愉悦、安详、舒泰、健康的气味。寺庙焚香可营造气氛，礼佛通灵；修身焚香可熏染自性，坐悟道德；学子焚香可提神清心，增强记忆；红袖相伴，焚香可以温情热意，敞开心扉；品茗焚香，可舒心宁神，增添情趣，营造诗意的生活方式。

293 | 香有哪十德？

宋代诗人、茶人黄庭坚把香的好处归纳为十德："感格鬼神，清净身心，能除污秽，能觉睡眠，静中成友，尘里偷闲，多而不厌，寡而为足，旧藏不朽，常用无碍。"茶室焚香，可以借助香之十德，令人心静神宁，启迪自性，澡雪心灵，让被红尘异化了的人性回归自然，回归本真。

294 | 焚香为何有益于健康？

中医认为芳香疗法有助于恢复精神，抚平心灵，促进新陈代谢，其主要机理是"驱、通、养、调"。"驱"，即驱除体内的浊气、邪气、病气。"通"，即疏通经络气脉，使真气运行无碍。"养"，即涵养正气、元气、生气。"调"即调节心情，令精神愉快，从而调动自身免疫力，使五体通泰、精力充沛、心悦身安。

295 | 天然香料有哪些？

人类有效利用的天然香料有四百多种：香料花有薰衣

草、玫瑰、米兰、茉莉等。果实香料有豆蔻、小茴香、鸡舌香等。香料叶有艾草、菖蒲、缅桂等。以根为香料的有甘松、木香等。以木材为香料的有檀香、降真香等。以树脂凝结后为香料的有沉香、龙脑香、乳香等。动物香料主要有麝香、龙涎香、灵猫香等。

296 | 什么是沉香？

沉香又名沉水香，是樟科、橄榄科、大戟科、瑞香科的某些大乔木受到创伤后创口分泌出的大量树脂，树脂浸入木质经几十年上百年陈化后才形成香气高雅、浓郁、持久的"通灵之香"，其极品称奇楠。奇楠香气清甜多变，玩家将其分为初香、身香、尾香。

297 | 什么是檀香？

檀香是热带、亚热带檀香科的一种半寄生常绿乔木，主产于印度、印尼、南太平洋诸岛以及澳洲和我国的南方。檀香木分为树皮、白边、树心。树心含芳香油多，树越大质量越好。檀香香气持久、圣洁、内敛，可使人清心安神，排除杂念，被誉为"神圣之树"。

298 | 中国茶艺学应如何发展？

应当传承历史，开拓创新，四轮驱动，走进大众生活。传承历史，即扎扎实实地学习茶史、茶俗学、茶艺学和茶科技基础知识，研究透"茶应该怎么喝"。开拓创新，即打破惯性思维，融入时尚元素，融汇现代美学、艺术、养生学和西方文化，研究"茶还能怎么喝"。只有这样，茶艺才能走进大众生活，成为当代人乐于追捧的健康、诗意、时尚的生活新方式，乃至成为当代人品味生命，解读世界，修身养性的人生艺术。

299 | 发展茶艺学何为"四轮驱动"？

"四轮"是指四种类型的茶艺。"四轮驱动"即以茶道精神和美学理论为指导，以当代人的需求为导向，全面研究和推广表演型茶艺、生活型茶艺、营销型茶艺和修身养性型茶艺，以四大类型茶艺为"四轮"，托起茶艺之车，承载着大众奔向健康、诗意、时尚的幸福生活。

雅事谈

300 |《中国茶艺学》一书的基本框架结构有何特点?

由世界图书出版西安有限公司出版的《中国茶艺学》,以知行并重、道艺双修、体用结合为原则撰写,上篇七章为基础理论:第一章,绪论;第二章,茶叶商品基础知识;第三章,茶艺美学;第四章,茶艺心理学;第五章,茶艺礼仪;第六章,茶艺的六大要素;第七章,茶艺演示前的准备工作。下篇七章为茶艺实操:第一章,泡茶的基本功;第二章,各茶类生活型茶艺;第三章,各茶类表演型茶艺;第四章,养生型茶艺精选;第五章,民俗茶艺精选;第六章,国外茶艺撷英;第七章,茶艺创新要领及创新茶艺案例。